PETITE
GÉOGRAPHIE

OU EXTRAIT

DE LA GÉOGRAPHIE PHYSIQUE, POLITIQUE

COMMERCIALE ET HISTORIQUE

APPROUVÉE

LE CONSEIL DE L'INSTRUCTION PUBLIQUE

PAR F. P. B.

CHEZ LES ÉDITEURS

TOURS	PARIS
ALFRED MAME ET FILS	POUSSIELGUE FRÈRES
Imprimeurs-Libraires	Rue Cassette, 15

Tout exemplaire qui ne sera pas revêtu des trois signatures ci-dessous, sera réputé contrefait.

Les Éditeurs

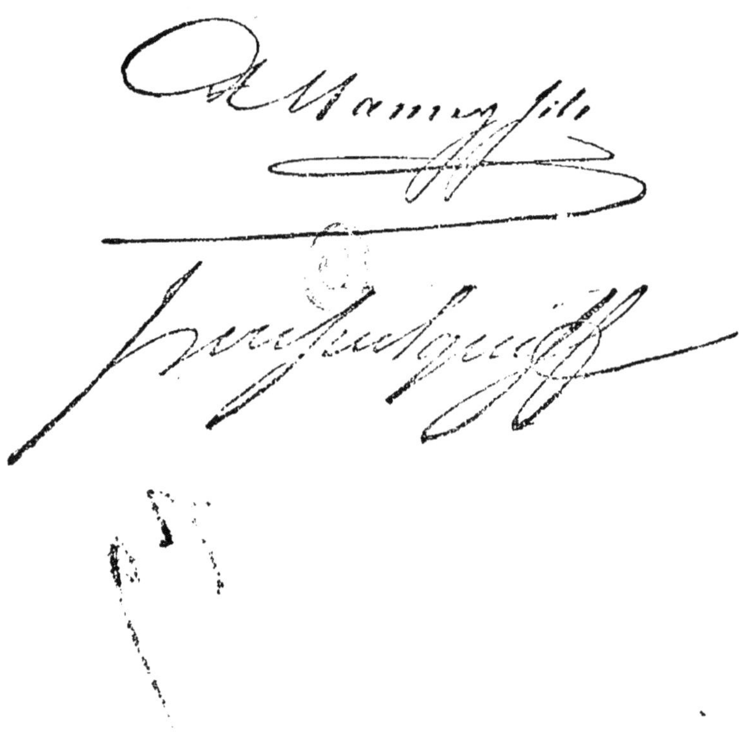

SITUATION

DES PRINCIPAUX LIEUX HISTORIQUES DE L'HISTOIRE DE FRANCE

Abbeville (Somme).
Agnadel (Italie).
Aigues-Mortes (Gard).
Aix-la-Chapelle (Prusse).
Alger (Afrique).
Amboise (Indre-et-Loire).
Arcole (Italie).
Arles (Bouches-du-Rhône).
Arques (Seine-Inférieure).
Arras (Pas-de-Calais).
Attigny (Ardennes).
Aubin-du-Cormier(St-)(Ile-et-V.)
Augsbourg (Bavière).
Auray (Morbihan).
Austerlitz (Autriche).
Azincourt (Pas-de-Calais).
Bautzen (Saxe).
Beauvais (Oise).
Bicoque (Italie).
Blois (Loir-et-Cher).
Bologne (Italie).
Bouvines (Nord).
Brenneville (Oise).
Brescia (Italie).
Brétigny (Eure-et-Loire).
Brienne (Aube).
Calais (Pas-de-Calais).
Cannes (Alpes-Maritimes).
Cambrai (Nord).
Cassel (Nord).
Castillon (Gironde).
Cateau-Cambrésis (Nord).
Cérignoles (Italie).
Cérizoles (Italie).
Châteauneuf-de-Randon (Lozère).
Clermont-Ferrand (Puy-de-Dôme).
Conflans (Seine).
Courtrai (Belgique).
Coutras (Gironde).
Cocherel (Eure).
Crécy (Somme).
Crépy-en-Valois (Aisne).

Damiette (Basse-Égypte).
Denain (Nord).
Domrémy (Vosges).
Dresde (Saxe).
Dreux (Eure-et-Loire).
Dunes (Nord).
Eckmuhl (Bavière).
Écluse (Hollande).
Essling (Autriche).
Eylau (Prusse).
Fleurus (Belgique).
Florence (Italie).
Fontaine-Française (Côte d'Or).
Fontenay (Yonne).
Fontenoy (Belgique).
Formigny (Calvados).
Fornoue (Italie).
Fribourg (Allemagne).
Friedland (Prusse).
Granson (Suisse).
Gravelines (Nord).
Guastalla (Italie).
Guinegate (Somme).
Hanau (Allemagne).
Hochstett (Bavière).
Hogue (Manche).
Iéna (Allemagne).
Ivry (Eure).
Jarnac (Charente).
Jemmapes (Belgique).
Leipsick (Saxe).
Lens (Pas-de-Calais).
Lutzen (Saxe).
Luxembourg (Gr.-Duché de).
Madrid (Espagne).
Malplaquet (Nord).
Marengo (Italie).
Marignan (Italie).
Massoure (Égypte).
Mayence (Allemagne).
Metz (Moselle).
Mézières (Ardennes).

Moncontour (Vienne).
Monfaucon (Somme).
Mons-en-Puelle (Nord).
Montereau (Seine-et-Marne).
Montlhéry (Seine-et-Oise).
Montmirail (Marne).
Morat (Suisse).
Moskowa (Russie).
Munster (Prusse).
Nancy (Meurthe).
Nantes (Loire-Inférieure).
Navarin (Grèce).
Nerwindes (Belgique).
Nice (Alpes-Maritimes).
Nimègue (Hollande).
Nordlingue (Bavière).
Noyon (Oise).
Orléans (Loiret).
Paderborn (Prusse).
Palerme (Sicile).
Paris (Seine).
Parme (Italie).
Patay (Loiret).
Pavie (Italie).
Péronne (Somme).
Poitiers (Vienne).
Presbourg (Autriche).
Ramillies (Belgique).
Ratisbonne (Bavière).
Ravenne (Italie).
Rebec (Italie).
Reims (Marne).
Renty (Pas-de-Calais).
Rivoli (Italie).
Roche-Abeille (Haute-Vienne).
Rochelle (Charente-Inférieure).
Rocroy (Ardennes).
Roncevaux (Espagne).
Rosbach (Prusse).

Rosbecque (Belgique).
Rouen (Seine-Inférieure).
Ryswich (Hollande).
Sablé (Sarthe).
Saint-Denis (Seine).
Sainte-Hélène (Océan).
Saintes (Charente-Inférieure)
Saint-Jean-d'Acre (Syrie).
Saint-Omer (Pas-de-Calais).
Saint-Quentin (Aisne).
Salzbach (Allemagne).
Saragosse (Espagne).
Smolensk (Russie).
Soissons (Aisne).
Steinkerque (Belgique).
Taillebourg (Charente - Infre)
Testry (Somme).
Tilsitt (Prusse).
Tolbiac (Allemagne).
Tournay (Belgique).
Troyes (Aube).
Tunis (Afrique).
Turin (Italie).
Ulm (Allemagne).
Utrecht (Hollande).
Valenciennes (Nord).
Valmy (Marne).
Varennes (Meuse).
Vassy (Haute-Marne).
Vaucouleurs (Meuse).
Verneuil (Eure).
Vervins (Aisne).
Vienne (Autriche).
Villaviciosa (Espagne).
Villeneuve-St-Georges (S.-et-Oise)
Vimory (Loiret).
Wagram (Autriche),
Waterloo (Belgique).
Witepsk (Russie).

PETITE GÉOGRAPHIE

DÉFINITIONS PRÉLIMINAIRES

*** 1. *Qu'est-ce que la Géographie?***

La *Géographie* est la science qui nous fait connaître la terre.

Le mot Géographie signifie description de la terre.

*** 2. *Quelle est la forme de la terre?***

La terre est ronde; et, comme les autres astres, elle est suspendue dans l'espace (1).

*** 3. *Quelles sont les dimensions de la terre?***

La terre a treize mille kilomètres de diamètre, et quarante mille kilomètres de circonférence.

*** 4. *Quelle est la population de la terre?***

La population de la terre est d'environ un billion deux cents millions d'habitants.

*** 5. *La terre est-elle immobile?***

La terre a deux mouvements : l'un sur elle-même en vingt-quatre heures, c'est le jour; l'autre autour du soleil en trois cent soixante-cinq jours et près de six heures, c'est l'année solaire.

Ces six heures donnent lieu, tous les quatre ans à une année de trois cent soixante-six jours appelée *année bissextile.*

---

(1) La terre est aplatie de 20 kilomètres à chacun de ses pôles; mais cet aplatissement et la hauteur des montagnes sont moindres, relativement à la terre, que les plus petites aspérités qui se trouvent sur la peau d'une orange.

DE L'HORIZON ET DES POINTS CARDINAUX

*** 6. *Qu'est-ce que l'horizon?***

L'horizon est le cercle qui borne notre vue, et sem-
réunir le ciel et la terre.

*** 7. *Qu'appelle-t-on points cardinaux?***

Les points cardinaux sont quatre points de l'horizon opposés deux à deux à angles droits.

*** 8. *Quels sont les points cardinaux?***

Les points cardinaux sont : le *levant*, appelé aussi
est ou *orient*; le *couchant*, appelé aussi *ouest* ou *occident*; le *sud* ou *midi*, et le *nord* ou *septentrion*.

*** 9. *Qu'est-ce que le levant?***

Le *levant* est le point où le soleil paraît se lever.

*** 10. *Qu'est-ce que le couchant?***

Le *couchant* est le point où le soleil paraît se coucher.

*** 11. *Qu'est-ce que le sud?***

Le *sud* est le point où le soleil se trouve à midi.

*** 12. *Qu'est-ce que le nord?***

Le *nord* est le point opposé au sud.

*** 13. *Qu'appelle-t-on points collatéraux?***

Les points collatéraux sont quatre points intermé-
diaires aux points cardinaux.

*** 14. *Nommez les points collatéraux.***

Le *nord-est*, entre le *nord* et l'*est*;
Le *nord-ouest*, entre le *nord* et l'*ouest*;
Le *sud-est*, entre le *sud* et l'*est*;
Le *sud-ouest*, entre le *sud* et l'*ouest*.

*** 15. *Qu'est-ce que s'orienter?***

S'*orienter*, c'est reconnaître la direction de l'orient
des autres points cardinaux.

*** 16. *Comment faut-il se placer pour s'orienter?***

Pour s'orienter, il faut se placer le côté droit vers le lieu du soleil levant (supposé connu). Alors, on a l'*est* ou orient à sa droite, l'*ouest* à gauche, le *nord* en face, et le *sud* derrière soi (1).

DES GLOBES ET DES CARTES

*** 17. *De quoi se sert-on pour représenter la terre?***

Pour représenter la terre, on se sert de *globes* et de *cartes géographiques*.

*** 18. *Qu'est-ce qu'un globe?***

Un globe est une boule qui représente la forme de la terre.

*** 19. *Qu'est-ce qu'une carte géographique?***

Une *carte géographique* est un plan qui représente une certaine étendue de la surface de la terre.

*** 20. *Qu'est-ce que la mappemonde?***

La *mappemonde* est une carte qui représente la terre coupée en deux parties égales qu'on nomme *hémisphères*.

*** 21. *Où sont placés, sur la carte, les quatre points cardinaux?***

Les points cardinaux sont ordinairement placés aux quatre côtés de la carte : le *nord* en haut, le *sud* en bas, l'*est* à droite, et l'*ouest* à gauche.

(1) On peut s'orienter encore en tournant le dos au soleil de midi, ou le côté gauche au soleil couchant; ou, la nuit, en fixant l'étoile polaire. De toute façon, il convient d'avoir le nord en face, l'est à droite, etc., ce qui est conforme avec l'orientation d'une carte (21).

Les points cardinaux sont souvent indiqués aux sommets des édifices par les initiales N. S. E. O. — L'aiguille aimantée d'une *boussole* se dirige toujours vers le nord.

* **22.** *Où sont placés, sur la carte, les points collatéraux ?*

Les points collatéraux sont placés vers les quatre coins de la carte. En HAUT, le *nord-est* à droite, et le *nord-ouest* à gauche ; EN BAS, le *sud-est* à droite, et le *sud-ouest* à gauche.

DES LIGNES IMAGINÉES SUR LA TERRE

** **23.** *Qu'est-ce que l'axe de la terre ?*

L'*axe* est le diamètre sur lequel la terre tourne continuellement.

** **24.** *Qu'est-ce que les pôles ?*

Les pôles sont les deux points extrêmes de l'axe.

** **25.** *Comment s'appellent les deux pôles ?*

Le pôle situé au nord s'appelle pôle nord ou boréal ; le pôle situé au midi s'appelle pôle sud ou austral.

** **26.** *Qu'est-ce qu'un méridien ?*

Un méridien est tout cercle qui entoure la terre en passant par les pôles.

** **27.** *Quel est le premier méridien ?*

En France, le premier méridien est celui qui passe à l'observatoire de Paris.

** **28.** *Comment le méridien divise-t-il la terre ?*

Le méridien divise la terre en deux parties égales : *l'hémisphère oriental* du côté du levant, et *l'hémisphère occidental* du côté du couchant.

** **29.** *Qu'est-ce que l'équateur ?*

L'équateur est un cercle qui entoure la terre à égale distance des deux pôles.

** **30.** *Comment l'équateur divise-t-il la terre ?*

L'équateur divise la terre en deux parties égales : *l'hémisphère septentrional* ou *boréal* du côté du nord, et *l'hémisphère méridional* ou *austral* du côté du sud.

DES LONGITUDES ET DES LATITUDES

**** 31. *Qu'est-ce que la longitude d'un pays ?***

La longitude d'un pays est la distance en degrés du méridien de ce pays au premier méridien.

**** 32. *Combien distingue-t-on de longitudes ?***

On distingue deux longitudes : la longitude orientale, comptée à l'Orient du premier méridien; et la longitude occidentale, comptée à l'Occident.

**** 33. *Combien y a-t-il de degrés de longitude ?***

Il y a 180° de longitude orientale, et 180° de longitude occidentale.

**** 34. *Dites la valeur des degrés de longitude ?***

Sur l'équateur, les degrés de longitude ont 111 kilomètres; mais ils diminuent en se rapprochant des pôles, où ils se réduisent à zéro.

**** 35. *Où sont marqués les degrés de longitude ?***

Les degrés de longitude sont marqués généralement en haut et en bas des cartes.

**** 36. *Qu'est-ce que la latitude d'un pays ?***

La latitude d'un pays est la distance de ce pays à l'équateur comptée en degrés sur son méridien.

**** 37. *Combien distingue-t-on de latitudes ?***

On distingue deux latitudes : la latitude boréale ou septentrionale, comptée au nord de l'équateur; et la latitude australe ou méridionale, comptée au sud.

**** 38. *Combien y a-t-il de degrés de latitude ?***

Il y a 90° de latitude nord et 90° de latitude sud. A l'équateur la latitude est 0; aux pôles elle est 90°.

39. *Dites la valeur des degrés de latitude.*

Les degrés de latitude valent environ 111 kilom.

40. *Où sont marqués les degrés de latitude?*

Les degrés de latitude sont marqués à droite et à gauche des cartes.

41. *A quoi servent la longitude et la latitude?*

La longitude et la latitude, par leur point de rencontre, servent à déterminer, sur le globe ou sur la carte, la position d'un pays, d'une ville, etc.

42. *Quelles sont les deux parties distinctes qui composent la surface de la terre?*

La terre et l'eau. La terre n'occupe qu'environ le quart de la surface du globe.

TERMES QUI ONT RAPPORT AUX TERRES (1).

43. *Quels sont les noms des différentes étendues de terre?*

Les différentes étendues de terre se nomment : *continents, îles, archipels, presqu'îles, isthmes, caps, côtes, montagnes,* etc.

44. *Qu'est-ce qu'un continent?*

Un *continent* est une grande étendue de terre non interrompue par des mers.

45. *Qu'est-ce qu'une île?*

Une *île* est une terre entièrement entourée d'eau.
Une réunion d'îles forme un *groupe d'îles.*

46. *Qu'est-ce qu'un archipel?*

Un *archipel* est une réunion de groupes d'îles.

(1) Voir le tableau placé au bas de la mappemonde.

*** 47. Qu'est-ce qu'une presqu'île ou péninsule?**

Une *presqu'île* est une terre entourée d'eau, excepté
du côté qui la joint au continent.

*** 48. Qu'est-ce qu'un isthme?**

Un *isthme* est une langue de terre qui joint une
presqu'île au continent.

*** 49. Qu'est-ce qu'un cap?**

Un *cap*, ou *promontoire*, est une pointe de terre
élevée qui s'avance dans la mer.

*** 50. Qu'est-ce qu'une côte?**

Une *côte* est le rivage de la mer.

Une côte escarpée s'appelle *falaise*.

Une côte peu élevée s'appelle *grève*.

Les *dunes* sont des monticules de sable que le vent
soulève parfois sur les côtes basses.

*** 51. Qu'est-ce qu'une montagne?**

Une *montagne* est une masse de terre et de rochers
qui s'élève au-dessus de la surface du globe.

Une petite hauteur s'appelle *colline, monticule,*
ou *butte*.

*** 52. Qu'est-ce qu'une chaîne de montagnes?**

Une chaîne de montagnes est une série de montagnes qui se tiennent par la base.

Les passages étroits entre deux sommets de montagnes s'appellent *col, pas, défilé, gorge*, etc.

*** 53. Qu'est-ce qu'un volcan?**

Un *volcan* est une montagne qui lance des flammes
et des matières embrasées.

*** 54. Qu'est-ce qu'un cratère?**

Un *cratère* est l'ouverture d'un volcan.

55. *Qu'est-ce que les glaciers?

Les *glaciers* sont des amas durcis de neiges et de glaces situés sur les plus hautes montagnes.

56. *Qu'est-ce qu'un plateau?

Un *plateau* est une étendue considérable de pays qui conserve partout une certaine élévation au-dessus de l'Océan.

TERMES QUI ONT RAPPORT AUX EAUX

57. *Quels sont les noms des différentes étendues d'eau?

Les différentes étendues d'eau se nomment: *Océan, mer, golfes, détroits, rades, ports, courants, rivières, fleuves, cascades, canaux, lacs,* etc.

58. *Qu'est-ce que l'Océan?

L'*Océan* est la vaste étendue d'eau salée qui couvre sans interruption les trois quarts du globe.

59. *Qu'est-ce qu'une mer?

Une *mer* est une portion de l'*Océan* qui a reçu un nom particulier.

60. *Qu'est-ce que la marée?

La *marée* est un mouvement qui, en vingt-quatre heures, élève et abaisse deux fois les eaux de l'*Océan.*

61. *Qu'est-ce que le flux?

Le *flux* est la *marée* montante, ou le mouvement de la *mer* lorsqu'elle s'avance vers le rivage.

62. *Qu'est-ce que le reflux?

Le *reflux* est la *marée* descendante, ou le mouvement de la *mer* lorsqu'elle s'éloigne du rivage.

* 63. *Qu'est-ce qu'un golfe?*

Un *golfe* est une portion de la mer qui entre dans les terres.

Un petit golfe se nomme *baie*, ou *anse*.

* 64. *Qu'est-ce qu'un détroit?*

Un *détroit* est une portion de mer resserrée entre deux terres et qui unit deux mers.

Un détroit se nomme quelquefois *bosphore*, *canal*, *manche*, *pas*, *pertuis*, *phare*, etc.

* 65. *Qu'est-ce qu'une rade?*

Une *rade* est une petite portion de mer avancée dans les terres, où les vaisseaux peuvent se mettre à l'abri de certains vents.

* 66. *Qu'est-ce qu'un port?*

Un *port* est un bassin perfectionné par les hommes, et qui offre un abri sûr pour les navires.

* 67. *Qu'est-ce qu'un écueil ou récif?*

Un *écueil* ou *récif* est un rocher à fleur d'eau contre lequel les vaisseaux vont quelquefois se briser.

* 68. *Qu'est-ce qu'un courant?*

Un *courant* est un endroit de la mer où l'eau court rapidement d'un côté, comme si c'était une rivière.

* 69. *Qu'est-ce qu'une rivière?*

Une *rivière* est un cours d'eau qui arrose un pays.

* 70. *Qu'est-ce qu'un fleuve?*

Un *fleuve* est une rivière considérable qui se jette dans la mer.

La *rive droite* d'un fleuve est le côté situé à droite d'une personne qui le descend en bateau, ayant le visage tourné vers son embouchure.

*** 71. Qu'est-ce que la source d'un fleuve?**

La *source d'un fleuve* est l'endroit où il sort de terre.

*** 72. Qu'est-ce que l'embouchure d'un fleuve?**

L'*embouchure d'un fleuve* est l'endroit où il se jette dans la mer.

*** 73. Qu'est-ce qu'un confluent?**

Un *confluent* est l'endroit où deux cours d'eau se réunissent.

*** 74. Qu'est-ce qu'un affluent?**

Un *affluent* est un cours d'eau qui se jette dans un autre plus considérable.

*** 75. Qu'appelle-t-on bassin d'un fleuve?**

Le *bassin* d'un fleuve est tout le territoire dont les eaux vont se rendre dans ce fleuve.

*** 76. Qu'appelle-t-on versant d'une mer?**

Le *versant* d'une mer est tout le territoire dont les eaux vont se rendre dans cette mer.

*** 77. Qu'est-ce qu'une cataracte ou cascade?**

Une *cataracte* ou *cascade* est une chute que font les eaux d'un fleuve ou d'une rivière, en tombant d'une hauteur un peu considérable.

*** 78. Qu'est-ce qu'un canal?**

Un *canal* est une espèce de rivière faite par les hommes, pour joindre deux cours d'eau, et faciliter le transport des marchandises.

*** 79. Qu'est-ce qu'un lac?**

Un *lac* est une grande étendue d'eau entourée par des terres.

Un *étang* est un lac de peu d'étendue.

DIVISION DE LA TERRE

* 80. *Comment divise-t-on la terre?*

On divise la terre en cinq parties : l'*Europe*, l'*Asie*, l'*Afrique*, l'*Amérique*, l'*Océanie*.

* 81. *Combien la terre forme-t-elle de continents?*

La terre forme trois continents :

1° L'*ancien continent* comprend l'Europe, l'Asie et l'Afrique. Il est ainsi nommé parce que c'est la seule partie du monde qui était connue des anciens.

2° Le second continent comprend l'Amérique. Il fut découvert par Christophe Colomb en 1492, et nommé le *nouveau continent* par opposition à l'ancien.

3° Le troisième continent comprend l'Australie et n'est connu que depuis le xviie siècle. Il est appelé *continent austral*, parce qu'il est dans l'hémisphère austral.

DIVISION DE L'OCÉAN

* 82. *Comment divise-t-on l'Océan?*

On divise l'Océan en cinq parties :

1° L'*océan Atlantique*, entre l'Europe, l'Afrique et l'Amérique ;

2° Le *grand Océan*, ou *océan Pacifique*, entre l'Amérique, l'Asie et l'Australie ;

3° L'*océan Indien*, entre l'Asie, l'Afrique et l'Australie ;

4° L'*océan Glacial arctique*, au nord du globe ;

5° L'*océan Glacial antarctique*, au sud du globe.

EUROPE

*** 83. L'Europe était la partie du monde la mieux connue des anciens, qui cependant n'avaient que des notions peu certaines sur les régions septentrionales à partir du Danemark.

Les puissances les plus célèbres de l'Europe dans l'antiquité sont les Macédoniens, les Grecs et les Romains.

L'empire romain gouverna le monde pendant les quatre premiers siècles de l'ère chrétienne; il devint ensuite la proie des peuples barbares qui, partis du nord, envahirent successivement toutes les contrées du midi. Au moyen âge, les divisions politiques furent souvent bouleversées et renouvelées par les guerres et les invasions; et c'est seulement au xv\ siècle que se sont formés ou consolidés les divers États actuels de l'Europe.

L'Europe a étendu sa puissance dans toutes les parties du monde, et peuplé de ses colonies l'Amérique et l'Océanie. Elle est le centre des lumières, la vraie patrie des sciences et des arts, et le foyer du mouvement commercial du globe. Elle transporte et verse chez tous les peuples les produits immenses de son industrie, et reçoit en échange les matières premières que la nature a refusées à son sol.

L'Europe est comprise presque en entier dans la zone tempérée, et possède une atmosphère généralement salubre. Mais ce qui caractérise son aspect physique, c'est le grand nombre de ses mers et de ses fleuves, qui, interposés au milieu des terres, adoucissent partout le climat, entretiennent une humidité utile à la végétation, et ont puissamment contribué à étendre son commerce, ses relations et son influence.

CLIMAT. — La belle saison ne dure que trois mois vers le nord, qui est exposé à de grands froids; elle dure cinq mois vers le milieu; mais au midi, elle ne souffre presque pas d'interruption. Les cicls de l'Espagne, de l'Italie et de la Grèce ont de tout temps passé pour les plus délicieux du globe.

ANIMAUX. — L'Europe a peu de bêtes féroces, de reptiles dangereux, d'oiseaux remarquables; mais elle abonde en animaux domestiques des meilleures races.

VÉGÉTAUX. — Le sol de l'Europe est moins fertile que celui des autres parties du monde; mais il est mieux cultivé. Les forêts du nord renferment des bois renommés pour les constructions navales. Au centre et au midi, il produit en abondance le froment, le seigle, l'avoine, l'orge, la pomme de terre, le lin, le chanvre, etc.; la vigne constitue l'une de ses plus grandes richesses.

MINÉRAUX. — L'Europe possède des mines abondantes de fer, de cuivre, de plomb, d'étain, de mercure, de houille et de sel gemme; quelques rivières roulent des paillettes d'or, et la Russie possède des diamants et des mines de platine.

* 84. Quelles sont les bornes de l'Europe?

Au *nord*, l'océan Glacial arctique;

A l'*ouest*, l'Océan Atlantique;

Au *sud*, la Méditerranée, la mer *Noire* et le Caucase;

A l'*est*, la mer Caspienne, le fleuve et les monts Ourals.

* 85. Quelle est l'étendue de l'Europe?

L'Europe est la plus petite partie du monde; elle égale le quart de l'Asie et de l'Amérique, et le tiers de l'Afrique.

* 86. Quelle est la population de l'Europe?

L'Europe compte 300 000 000 d'habitants.

* 87. Comment divise-t-on l'Europe.

On divise l'Europe en seize contrées principales, dont quatre au nord, sept au milieu, et cinq au midi.

Au NORD: 1° les îles *Britanniques*, qui comprennen l'*Angleterre*, capitale LONDRES; l'*Écosse*, capitale ÉDIMBOURG, et l'*Irlande*, capitale DUBLIN;

2° Le *Danemark*, capitale COPENHAGUE;

3° La *Suède* et la *Norwége*, capitales STOCKHOLM et CHRISTIANIA;

4° L'empire Russe, qui comprend la *Russie d'Europe*, capitale SAINT-PÉTERSBOURG; la *Pologne*, ancienne capitale VARSOVIE, et la *Finlande*.

Au MILIEU : 1° La *France*, capitale PARIS;

2° La *Confédération Suisse*, capitale BERNE, principales villes GENÉVE et BALE;

3° La *Hollande*, capitale LA HAYE, ville principale AMSTERDAM;

4° La *Belgique*, capitale BRUXELLES;

5° et 6° L'empire d'*Allemagne*, qui comprend les royaumes de *Prusse*, capitale BERLIN; de *Bavière*, capitale MUNICH; de *Saxe*, capitale DRESDE; de *Wurtemberg*, capitale STUTTGART; les villes libres de HAMBOURG, BRÉME et LUBECK, etc.;

7° L'*Autriche*, capitale VIENNE.

Au MIDI : 1° Le *Portugal*, capitale LISBONNE;

2° L'*Espagne*, capitale MADRID;

3° L'*Italie*, capitale ROME, villes principales : NAPLES, FLORENCE, TURIN, GÊNES et MILAN.

4° La *Grèce*, capitale ATHÈNES;

5° La *Turquie d'Europe*, capitale CONSTANTINOPLE.

**** 88. *Nommez les mers de l'Europe?***

L'Europe est baignée par trois grandes mers et neuf petites.

Les trois grandes mers de l'Europe sont :

Au nord, *l'océan Glacial arctique;*

A l'ouest, *l'océan Atlantique;*

Et au sud, la *Méditerranée.*

Les neuf petites mers de l'Europe sont :

La mer *Blanche,* formée par l'océan Glacial;

La mer *Baltique,* la mer du *Nord,* la mer d'*Irlande* et la *Manche,* formées par l'Atlantique;

L'*Adriatique,* l'*Archipel,* la mer de *Marmara,* la mer *Noire* et la mer d'*Azof,* formées par la Méditerranée.

Et enfin la mer *Caspienne,* qui n'a aucune communication avec les autres mers.

**** 89. *Quels sont les principaux golfes de l'Europe?***

l'Europe a trois grands golfes et huit petits.

Les trois grands golfes de l'Europe sont :

Les golfes de *Bothnie* et de *Finlande,* formés par la mer Baltique,

Et le golfe de *Gascogne,* formé par l'océan Atlantique.

Les huit petits golfes de l'Europe sont :

Le golfe de *Livonie,* formé par la mer Baltique;

Le golfe de *Zuyderzée,* formé par la mer du Nord;

Les golfes du *Lion,* de *Gênes,* de *Tarente,* de *Lépante* et de *Salonique,* formés par la mer Méditerranée;

Et le golfe de *Venise,* formé par la mer Adriatique.

**** 90. *Quelles sont les îles de l'Europe?***

Dans l'océan Glacial : la *Nouvelle-Zemble*, *Waïgatz*, *Kalgouef*, les îles *Loffoden*.

Dans la mer Baltique : *Aland*, *Dago*, *Osel*, *Gothland*, *Oland*, *Séeland*, *Fionie*.

Dans l'Atlantique : l'*Islande*, l'*Irlande*, la *Grande-Bretagne*, les îles *Feroë*, *Schetland*, les *Orcades*, les *Hébrides*, les îles *Sorlingues*.

Dans la Manche : *Jersey* et *Guernesey*.

Sur les côtes de France : *Belle-Ile*, *Noirmoutier*, île d'*Yeu*, île de *Ré* et île d'*Oléron*.

Dans la Méditerranée : 1° Les îles *Baléares*, *Hyères*, la *Corse*, l'*Elbe*, la *Sardaigne*, les îles *Lipari*, la *Sicile*, *Malte*;

2° Les îles Ioniennes : *Corfou*, *Paxo*, *Céphalonie*, etc.

3° Les îles de l'Archipel : *Négrepont*, *Candie*, *Milo*, etc.

**** 91. *Quel est l'archipel le plus ordinairement cité?***

L'archipel *Grec*, qui est situé dans la Méditerranée et compte environ cent cinquante îles.

**** 92. *Nommez les presqu'îles de l'Europe.***

Les trois grandes presqu'îles de l'Europe sont : 1° la *Suède* avec la *Norwége* et la *Laponie*, entre la mer du Nord et la Baltique; 2° l'*Espagne* avec le *Portugal*, entre l'Océan et la Méditerranée; 3° l'*Italie*, entre la Méditerranée et l'Adriatique.

Les trois petites sont : 1° le *Jutland* en Danemark; 2° la *Morée*, au sud de la *Grèce*, dans la Méditerranée; et 3° la *Crimée*, dans la mer Noire.

**** 93. *Nommez les principaux caps de l'Europe.***

Le cap *Nord*, dans une île au N. de la Laponie ;

Le cap *Clear* en Irlande ;

Le cap *Lizard* en Angleterre ;

Le cap de *La Hague* en France ;

Le cap *Finisterre* en Espagne ;

Le cap *Saint-Vincent* en Portugal ;

Le cap *Leuca* en Italie ;

Et le cap *Matapan* en Morée.

**** 94. *Quels sont les principaux détroits de l'Europe?***

Le *Waigatz*, entre la Russie et l'île de Waigatz ;

Le *Skager-Rack*, le *Cattégat*, le *Sund*, le grand et le petit *Belt*, entre la mer Baltique et la mer du Nord ;

Le canal du *Nord* et le canal *Saint-Georges*, entre l'Angleterre et l'Irlande ;

Le *Pas de Calais* et la *Manche*, entre la France et l'Angleterre ;

Le détroit de *Gibraltar*, entre l'Espagne et l'Afrique ;

Le détroit de *Bonifacio*, entre la Corse et la Sardaigne ;

Le détroit de *Messine*, appelé autrement le *Phare* de Messine, entre l'île de Sicile et l'Italie ;

Le détroit de *Gallipoli* ou des *Dardanelles*, appelé autrefois l'*Hellespont*, à l'entrée de la mer de Marmara.

Le *canal de Constantinople* ou *Bosphore de Thrace*, entre la mer de Marmara et la mer Noire ;

Le détroit d'*Yénikalé* ou de *Kertch*, qui joint la mer Noire à la mer d'Azoff.

**** 95. *Combien y a-t-il d'isthmes en Europe?***

On cite deux isthmes : l'isthme de *Corinthe*, à l'entrée de la Morée, et l'isthme de *Pérécop*, à l'entrée de la Crimée.

**** 96. *Dites les chaînes de montagnes de l'Europe.***

Les monts *Dophrines*, autrement Alpes Scandinaves, qui séparent la Norwége de la Suède;
Les monts *Ibériens* en Espagne;
Les *Pyrénées* séparent la France de l'Espagne;
Les *Cévennes* occupent le centre du Languedoc;
Les *Alpes* séparent la France de l'Italie;
Les *Apennins* parcourent toute l'Italie;
Les monts *Krapaks* en Autriche (Hongrie);
Les monts *Balkans* dans la Turquie;
Le *Caucase*, entre la mer Noire et la mer Caspienne;
Les monts *Ourals*, entre la Russie et la Sibérie.

**** 97. *Quels sont les volcans de l'Europe?***

Le mont *Vésuve* en Italie, le mont *Etna* en Sicile et le mont *Hécla* en Islande.

**** 98. *Quels sont les principaux lacs de l'Europe?***

En Russie : le *Saïma*, l'*Onéga* et le *Ladoga;*
En Suède : le *Wener*, le *Wetter* et le *Méler;*
En Suisse : les lacs de *Neuchâtel*, de *Genève* et de *Constance;*
En Italie : les lacs *Majeur* et de *Côme;*
En Autriche : le lac *Balaton*.

**** 99. *Nommez les fleuves de l'Europe.***

En ANGLETERRE : la *Tamise* et l'*Humber* se jettent dans la mer du Nord ;

La *Savern* se jette dans le canal Saint-Georges.

En SUÈDE : la *Tornea* sépare la Suède de la Russie et se jette dans le golfe de Bothnie.

En RUSSIE : la *Petchora* se jette dans l'Océan Glacial arctique ;

La *Dwina* se jette dans la mer Blanche ;

La *Néva* passe à Saint-Pétersbourg et joint le Ladoga au golfe de Finlande ;

La *Duna* se jette dans le golfe de Livonie ;

Le *Niémen* se jette dans la Baltique ;

Le *Dniester* et le *Dniéper*, dans la mer Noire ;

Le *Don* se jette dans la mer d'Azoff ;

Le *Volga* et l'*Oural*, dans la mer Caspienne.

En PRUSSE : la *Vistule* et l'*Oder* se jettent dans la mer Baltique.

En ALLEMAGNE : l'*Elbe*, le *Weser* et le *Rhin* se jettent dans la mer du Nord ;

Le *Danube* arrose le Wurtemberg, la Bavière, l'Autriche et la Turquie, et se jette dans la mer Noire.

En ESPAGNE : l'*Èbre* se jette dans la Méditerranée, et le *Guadalquivir* se jette dans l'Océan.

La *Guadiana*, le *Tage* et le *Douro* traversent le Portugal et se jettent dans l'Océan.

En ITALIE : le *Pô* passe à Turin, et se jette dans l'Adriatique ;

Le *Tibre* passe à Rome, et se jette dans la Méditerranée.

Les deux plus grands fleuves de l'Europe sont le Volga et le Danube.

FRANCE

***100. La France actuelle portait chez les anciens le nom de *Gaule*; elle fut conquise par César cinquante ans avant J.-C., et pendant cinq cents ans elle fit partie de l'empire romain. Au Ve siècle, les Francs passèrent le Rhin et s'en emparèrent sous la conduite de Clovis. Par suite du régime féodal, la France se couvrit d'un grand nombre de souverainetés particulières. A l'avénement de Hugues Capet, en 987, le domaine de la couronne comprenait seulement l'Ile-de-France, l'Orléanais et la Picardie. Les rois mirent plus de huit siècles pour étendre le royaume aux frontières actuelles.

CLIMAT. — La France, située à égale distance du pôle et de l'équateur, jouit d'un air pur et salubre. Au nord, le climat est pluvieux et humide, et les hivers sont quelquefois longs et rigoureux ; au centre, la température est douce et très-favorable à la végétation ; au midi, le ciel est presque toujours serein, les étés sont chauds et les froids faibles et de peu de durée.

ANIMAUX. — Les animaux sauvages sont rares en France ; on trouve cependant l'ours dans les Alpes et les Pyrénées, et le sanglier, le loup, le renard, etc., dans presque toutes les forêts.

Les reptiles sont très-peu nombreux ; il n'y a même que l'aspic et la vipère qui soient venimeux.

Parmi les insectes, on doit citer les abeilles, qui sont une des richesses de la Bretagne et du Languedoc, et les vers à soie, élevés en grand dans le midi du bassin du Rhône.

Les animaux domestiques les plus renommés sont les chevaux de Normandie et du Limousin, les bœufs d'Auvergne et de Normandie ; les moutons des Ardennes et du Berri, les porcs de la Lorraine [et de l'Alsace], etc.

Végétaux. — La France passe pour la contrée de l'Europe la plus riche en végétaux; elle compte plus de sept mille plantes croissant naturellement, et la grande variété de sa température lui permet de cultiver presque toutes celles du globe. Ses principales productions végétales sont le froment et les autres céréales, la pomme de terre, la betterave pour la fabrication du sucre, et la vigne qui donne les vins si renommés de Champagne, de Bourgogne, de Bordeaux et du midi de la France.

Les départements du nord produisent une grande quantité d'huile de colza et d'œillette; l'huile d'olive est l'une des grandes richesses de la Provence.

Minéraux. — La France compte peu de mines d'or, d'argent, de cuivre, de zinc et d'étain; mais elle a des mines abondantes de fer, de plomb et de houille; ses carrières renferment le marbre, le granit, la pierre meulière, la pierre de taille, la pierre lithographique, le plâtre, le ciment, l'ardoise, et le kaolin ou terre à porcelaine.

** 101. *Quelles sont les bornes de la France?*

Au *nord*, la Manche, le Pas de Calais et la Belgique;
A l'*est*, l'Allemagne, le Jura et les Alpes,
Au *sud*, la Méditerranée et les Pyrénées;
A l'*ouest*, l'Océan.

** 102. *Où est située la France?*

La France est située entre les 42e et 51* degrés de latitude *nord*, le 6e de longitude *est*, et le 7* de longitude *ouest*.

** 103. *Quelle est l'étendue de la France?*

La France a 1 022 kilomètres du *nord* au *sud*, et 977 kilomètres de l'*est* à l'*ouest*, et environ 530 000 kilomètres carrés de superficie.

** 104. *Quelle est la population de la France?*

La France a trente-six millions et demi d'habitants.

GÉOGRAPHIE PHYSIQUE DE LA FRANCE
(Voir planche 4.)

*105. *Quelles sont les mers de la France?*

La mer du *Nord*, qui ne touche que les côtes du département du Nord et du Pas-de-Calais;

La *Manche*, qui baigne la France au nord-ouest;

L'*Atlantique*, qui la baigne à l'ouest;

Et la *Méditerranée*, qui la baigne au sud-est.

*106. *Quels sont les golfes de la France?*

Les grands golfes de la France sont : le golfe de *Gascogne*, formé par l'Atlantique, et le golfe du *Lion*, formée par la Méditerranée.

Les petits golfes sont : la baie de *Brest*, le *Morbihan* et le bassin d'*Arcachon*, formés par l'Atlantique; la rade de Toulon, celle d'*Hyères* et le golfe de *Saint-Tropez*, formés par la Méditerranée.

*107. *Dites les principales îles de la France.*

1º Dans la Manche : les îles *Chaussey*, près du département de la Manche; les *Sept-Iles*, près des Côtes-du-Nord; l'île de *Bas*, près du Finistère;

2º Dans l'Atlantique : *Ouessant* et l'île de *Sein*, qui appartiennent au Finistère; *Groix* et *Belle-Ile*, au Morbihan; *Noirmoutier* et d'*Yeu*, à la Vendée; *Ré* et *Oléron*, à la Charente-Inférieure.

3º Dans la Méditerranée : les îles d'*Hyères*, qui appartiennent au département du Var; les îles de *Lérins*, aux Alpes-Maritimes; et la grande île de la *Corse*, qui à elle seule forme un département.

*** 108. *Dites les presqu'îles de la France.***

1º Le *Cotentin*, qui forme le département de la *Manche* ;

2º La *Bretagne*, à l'ouest de la France ;

3º La presqu'île de *Quiberon*, qui est très-petite et dépend du département du Morbihan.

*** 109. *Dites les principaux caps de la France.***

Le cap *Gris-Nez*, entre Calais et Boulogne ;

La pointe de *Barfleur* et le cap de la *Hague*, au nord du Cotentin ;

Les pointes du *Raz* et de *Penmarch*, à l'ouest du Finistère.

*** 110. *Quels sont les détroits de la France?***

Le *Pas de Calais*, entre la France et l'Angleterre ;
Le pertuis *Breton*, entre la Vendée et l'île de Ré ;
Le pertuis d'*Antioche*, entre les îles de Ré et d'Oléron.

*** 111. *Quels sont les lacs de la France?***

Le lac de *Genève* et le lac d'*Annecy*, en Savoie ; le lac de *Grand-Lieu*, près de l'embouchure de la Loire.

*** 112. *Quelles sont les eaux minérales?***

Saint-Amand, dans le Nord ;
Forges, dans la Seine-Inférieure ;
Bourbonne-les-Bains, dans la Haute-Marne ;
Plombières, dans les Vosges ;
Luxeuil, dans la Haute-Saône ;
Bourbon-l'Archambault et Vichy, dans l'Allier ;
Bagnères et Baréges, dans les Hautes-Pyrénées
Biarritz, dans les Basses-Pyrénées.

* 113. *Quelles sont les montagnes de la France?*

Sur les frontières : 1° Les *Pyrénées* séparent la France de l'Espagne ; les principaux sommets sont mont *Maudit*, le mont *Perdu* et le *Pic du Midi* ;

2° Les *Alpes* séparent la Franc de l'Italie ; es monts les plus élevés sont le mont *Blanc*, le mont *Pelvoux*, le mont *Viso* et le mont *Ventoux* ;

3° Le *Jura* sépare la France de la Suisse.

Dans l'intérieur : 1° Les *Cévennes* commencent aux Pyrénées, et prennent successivement les noms de montagnes du *Gévaudan*, du *Vivarais*, du *Lyonnais*, du *Charolais* et de la *Côte-d'Or*. Les monts les plus élevés sont : le mont *Mézin*, le mont *Lozère* et le mont *Gerbier* ;

2° Les monts d'*Auvergne* se rattachent aux Cévennes ; les monts les plus élevés sont le *Puy-de-Dôme*, le mont *d'Or* et le *Plomb-du-Cantal* ;

3° Les *Vosges* se rattachent aux Cévennes et au Jura ; le principal sommet est le *Ballon-d'Alsace*, près de la source de la Moselle ;

Les *monts de la Corse* parcourent cette île dans toute sa longueur ; le principal sommet est le mont *Rotondo*.

* 114. *Quels sont les fleuves de la France?*

La *Seine* se jette dans la Manche ;
La *Loire* et la *Garonne* se jettent dans l'Océan ;
Le *Rhône* se jette dans la Méditerranée ;
L'*Escaut* et la *Meuse* se jettent dans a mer du Nord.

BASSINS

*** 115. *Combien la France a-t-elle de versants?***

La France a quatre versants : les versants de la *mer du Nord*, de la *Manche*, de l'*Océan* et de la *Méditerranée*.

Les versants se divisent en bassins formés par les fleuves et les rivières qui vont directement à la mer.

*** 116. *Combien la France a-t-elle de bassins?***

La France a cinq bassins principaux et quatorze bassins secondaires.

*** 117. *Quels sont les cinq bassins principaux?***

Sur le versant de la *mer du Nord*, le bassin du *Rhin* ;

Sur le versant de la *Manche*, le bassin de la *Seine* ;

Sur le versant de l'*Océan*, le bassin de la *Loire* et le bassin de la *Gironde* ;

Sur le versant de la *Méditerranée*, le bassin du *Rhône*.

*** 118. *Quels sont les quatorze bassins secondaires?***

Sur le versant de la *mer du Nord*, les deux bassins de la *Meuse* et de l'*Escaut* ;

Sur le versant de la *Manche*, les quatre bassins de la *Somme*, de l'*Orne*, de la *Vire* et de la *Rance* ;

Sur le versant de l'*Océan*, les cinq bassins du *Blavet*, de la *Vilaine*, de la *Sèvre-Niortaise*, de la *Charente* et de l'*Adour* ;

Sur le versant de la *Méditerranée*, les trois bassins de l'*Aude*, de l'*Hérault* et du *Var*.

1*

119. *Décrivez le cours de la Seine.

La *Seine* (668 kilom.) a sa source près Saint-Seine (Côte-d'Or), arrose huit départements : Côte-d'Or, Aube, Marne, Seine-et-Marne, Seine-et-Oise, Seine, Eure, Seine-Inférieure; elle se jette dans la Manche, entre le Havre et Honfleur.

La Seine baigne Châtillon, Bar-sur-Seine, Troyes, Méry, où elle devient navigable; Nogent, Montereau, Melun, Corbeil, Paris, Saint-Denis, Mantes, Elbeuf, Rouen et le Havre.

Les principaux affluents de la Seine sont :

A DROITE : l'*Aube*, la *Marne*, et l'*Oise* grossie de l'*Aisne*;

A GAUCHE : l'*Yonne* et l'*Eure*.

120. *Décrivez le cours de la Loire.

La *Loire* (1040 kilom.) a sa source au mont Gerbier (Ardèche), traverse ou touche douze départements : Ardèche, Haute-Loire, Loire, Saône-et-Loire, Nièvre, Allier, Cher, Loiret, Loir-et-Cher, Indre-et-Loire, Maine-et-Loire, Loire-Inférieure, et se jette dans l'Atlantique.

La Loire baigne Saint-Rambert, où elle devient navigable; Roanne, Digoin, Decize, Nevers, Cosne, Briare, Gien, Orléans, Blois, Amboise, Tours, Saumur, Ancenis, Nantes et Paimbœuf.

Les principaux affluents de la Loire sont :

A DROITE : la *Nièvre*, et la *Maine* formée par la réunion de la *Mayenne* et de la *Sarthe* grossie du *Loir*;

A GAUCHE : l'*Allier*, le *Loiret*, le *Cher*, l'*Indre*, la *Vienne* grossie de la *Creuse* et la *Sèvre-Nantaise*.

* 121. *Décrivez le cours de la Garonne.*

La *Garonne* (512 kilom.) a sa source au pied des Pyrénées, arrose les départements de la Haute - Garonne, Tarn-et-Garonne, Lot-et-Garonne et de la Gironde, limite celui de la Charente-Inférieure et se jette dans l'Atlantique sous le nom de *Gironde*, qu'elle prend après avoir reçu la Dordogne.

La Gironde baigne Saint-Gaudens, Cazères, où elle devient navigable ; Muret, Toulouse, Agen, Marmande, la Réole, Bordeaux et Blaye.

Les principaux affluents de la Garonne sont :

A DROITE : l'*Ariége*, le *Tarn* grossi de l'*Aveyron*, le *Lot*, la *Dordogne* grossie de la *Vézère*, de la *Corrèze* et de l'*Isle;*

A GAUCHE : le *Gers.*

* 122. *Décrivez le cours du Rhône:*

Le *Rhône* (860 kilom.) a sa source en Suisse, traverse le lac de Genève, limite à droite les départements de l'Ain, du Rhône, de la Loire, de l'Ardèche, du Gard ; et, à gauche, ceux de la Haute-Savoie, de la Savoie, de l'Isère, de la Drôme, de Vaucluse et des Bouches-du-Rhône, et se jette dans la Méditerranée par plusieurs bras.

Le Rhône baigne, en SUISSE, Sion et Genève; en FRANCE, Seyssel, où il devient navigable; Lyon, Vienne, Tournon, Valence, Viviers, Avignon, Beaucaire, Tarascon et Arles.

Les principaux affluents du Rhône sont :

A DROITE : l'*Ain*, la *Saône* grossie du *Doubs*, l'*Ardèche* et le *Gard;*

A GAUCHE : l'*Arve*, l'*Isère*, la *Drôme* et la *Durance.*

***123. *Décrivez le cours du Rhin*.**

Le *Rhin* (1360 kilom.) a sa source en Suisse, traverse le lac de Constance, traverse l'Allemagne et la Hollande, et se jette dans la mer du Nord par plusieurs branches.

Le Rhin traverse Bâle, passe près de Strasbourg, arrose Mayence, Coblentz, Cologne, etc.

Les principaux affluents du Rhin sont :

A DROITE : le *Necker* et le *Mein ;*

A GAUCHE : l'*Ill*, et la *Moselle* grossie de la *Meurthe*.

***124. *Décrivez le cours de l'Escaut*.**

L'*Escaut* (360 kilom.) a sa source dans le département de l'Aisne, traverse de département du Nord, la Belgique, la Hollande, et se jette dans la mer du Nord.

L'Escaut baigne : en FRANCE, Cambrai, où il devient navigable, Valenciennes et Condé ; en BELGIQUE, Tournay, Gand et Anvers.

Les principaux affluents de l'Escaut qui arrosent la France sont : la *Scarpe* et la *Lys*, sur la rive gauche.

***125. *Décrivez le cours de la Meuse*.**

La Meuse prend sa source près Bourbonne-les-Bains (Haute-Marne), arrose quatre départements : Haute-Marne, Vosges, Meuse et Ardennes ; traverse la Belgique et la Hollande et se jette dans la mer du Nord.

La Meuse arrose : en FRANCE, Verdun, Sedan et Mézières ; en BELGIQUE, Namur et Liége ; en HOLLANDE, Maëstricht et Rotterdam.

La Meuse reçoit, à DROITE : le *Vahal* et le *Leck*, qui sont deux bras du Rhin, à GAUCHE : la *Sambre*, qui arrose le nord de la France.

CANAUX

*** **126.** Le fond d'un canal se compose de plans horizontaux qui se succèdent en changeant de hauteur.

Les écluses sont des bassins placés aux points où le canal change de niveau ; elles servent à faire passer les bateaux d'une partie du canal dans l'autre.

*** **127.** Le canal de l'*Ourcq* amène à Paris les eaux de l'Ourcq, passe à Meaux et envoie un petit embranchement sur Saint-Denis.

*** **128.** Le canal de *Saint-Quentin* passe à Saint-Quentin et à Cambrai, et joint l'Oise à la Somme et à l'Escaut.

*** **129.** Le canal de la *Sambre* joint l'Oise à la Sambre.

*** **130.** Le canal des *Ardennes* joint la Meuse à l'Aisne, et l'Aisne à la Marne.

*** **131.** Le canal de la *Marne* au Rhin commence à Épernay sur la Marne, passe à Châlons, Bar-le-Duc, Nancy, et joint le Rhin près de Strasbourg.

*** **132.** Le canal du *Rhône* au Rhin commence à la Saône, passe à Besançon, et se termine à Strasbourg. Il joint la Saône au Rhin.

*** **133.** Le canal de *Bourgogne* commence à Joigny-sur-Yonne, passe à Dijon, et se termine à la Saône. Il joint l'Yonne à la Saône.

*** **134.** Le canal du *Centre* commence à Châlon-sur-Saône, et joint la Saône à la Loire.

*** **135.** Le canal du *Nivernais* commence à Decize sur la Loire, se termine à Auxerre, et joint la Loire à l'Yonne.

*** 136. Le canal du *Loing* va de la Seine à Montargis, et se continue jusqu'à la Loire par les canaux d'Orléans et de Briare.

*** 137. Le canal d'*Orléans* va d'Orléans à Montargis, et se continue jusqu'à la Seine par le canal du Loing.

*** 138. Le canal de *Briare* va de Briare à Montargis, et se continue jusqu'à la Seine par le canal du Loing.

*** 139. Le canal du *Berri* joint la Loire au Cher.

*** 140. Le canal *latéral à la Loire* commence à Digoin, où il se joint au canal du Centre, suit le cours de la Loire, communique avec les canaux du Nivernais et du Berri, et se relie au canal de Briare.

*** 141. Le canal de *Nantes* à Brest commence à Nantes, joint la Vilaine, envoie un embranchement sur Lorient, et se termine à Brest.

*** 142. Le canal d'*Ille-et-Rance* commence à Rennes sur la Vilaine, et se termine à Saint-Malo. Il fait communiquer l'Atlantique avec la Manche.

*** 143. Le canal du *Midi ou du Languedoc* commence près de Toulouse sur la Garonne, passe à Carcassonne, envoie un embranchement sur Narbonne et se termine à Agde, où il débouche dans l'étang de Thau. Il joint la Garonne à la Méditerranée.

*** 144. Le canal *Latéral* à la Garonne continue le canal du Midi de Toulouse à la Réole le long de la Garonne.

*** 145. Le canal des *Étangs* fait suite au canal du Midi; il est tracé au milieu des étangs peu profonds qui bordent la Méditerranée; il se termine à Aigues-Mortes, où il joint le canal de Beaucaire.

*** 146. Le canal de *Beaucaire* commence à Aigues-Mortes, fait suite au canal des Étangs, et se termine au Rhône, au-dessous de Beaucaire.

*** COMMUNICATION ENTRE LES BASSINS

*** 147. Les bassins de la Somme et de l'Escaut communiquent par le canal Saint-Quentin.

***148. Les bassins de la Seine et de la Somme communiquent par l'Oise, le canal Saint-Quentin et la Somme.

*** 149. Les bassins de la Seine, de la Somme et de l'Escaut communiquent par l'Oise et le canal Saint-Quentin, la Somme et l'Escaut.

*** 150. Les bassins de la Seine et de la Meuse communiquent :

1º Par l'Oise, le canal de la Sambre et la Sambre ;

2º Par l'Aisne, le canal des Ardennes et la Meuse.

*** 151. Les bassins de la Seine et du Rhin communiquent par la Marne, le canal de la Marne au Rhin, et le Rhin.

***152. Les bassins de la Seine et du Rhône communiquent par l'Yonne, le canal de Bourgogne et la Saône.

*** 153. Les bassins de la Seine et de la Loire communiquent :

1º Par la Seine, les canaux du Loing, de Briare, d'Orléans et la Loire;

2º Par l'Yonne, le canal du Nivernais et la Loire.

*** 154. Les bassins du Rhône et du Rhin communiquent par le Doubs, le canal du Rhône au Rhin et le Rhin.

*** 155. Les bassins de la Loire et du Rhône communiquent par la Loire, le canal du Centre et la Saône.

*** 156. Les bassins de la Gironde et du Rhône communiquent par la Garonne, les canaux du Midi, des Étangs, de Beaucaire, et le Rhône.

*** COMMUNICATION ENTRE LES MERS

*** 157. La mer Méditerranée et la mer du Nord communiquent :

Par les bassins du Rhône et du Rhin ;

Par les bassins du Rhône, de la Seine et de la Meuse ;

Par les bassins du Rhône, de la Seine et de l'Escaut.

*** 158. La Méditerranée et la Manche communiquent :

Par les bassins du Rhône et de la Seine ;

Par les bassins du Rhône, de la Seine et de la Somme ;

Par les bassins du Rhône, de la Loire et de la Seine ;

Par les bassins du Rhône, de la Loire, la Vilaine et le canal d'Ille-et-Rance.

*** 159. La Méditerranée et l'Océan communiquent :
Par les bassins du Rhône et de la Loire ;
Par le canal du Midi et la Garonne.

*** 160. L'Océan et la Manche communiquent :
Par la Vilaine et le canal d'Ille-et-Rance ;
Par les bassins de la Loire et de la Seine.

*** 161. L'Océan et la mer du Nord communiquent :
Par les bassins de la Loire, de la Seine et de l'Escaut ;
Par les bassins de la Loire, de la Seine et de la Meuse ;
Par les bassins de la Loire, de la Seine et du Rhin.

*** 162. La Manche et la mer du Nord communiquent :
Par les bassins de la Somme ou de la Seine, et celui de l'Escaut ;
Par les bassins de la Seine et de la Meuse ;
Par les bassins de la Seine et du Rhin.

*** 163. *Quelle est la forme du gouvernement en France?***

Le gouvernement républicain a succédé à l'empire, le 4 septembre 1870.

**** 164. *En quelles mains réside le pouvoir?***

Le pouvoir souverain appartient au Sénat et à la Chambre des Députés; le pouvoir exécutif appartient au Président de la République.

**** 165. *Combien la France a-t-elle de sortes de divisions administratives?***

La France offre plusieurs sortes de divisions : la division administrative ou civile, la division judiciaire, la division académique, la division militaire, la division maritime, la division financière et la division ecclésiastique.

**** 166. *Quelle est la division administrative?***

Sous le rapport administratif, la France est divisée en quatre-vingt-six départements, non compris les trois de l'Algérie. [Avant 1871, elle en comptait quatre-vingt-neuf.]

Les départements sont subdivisés en arrondissements sous les noms de préfecture et sous-préfectures; les arrondissements en cantons, et les cantons en communes.

Les communes sont administrées par les maires, les sous-préfectures par les sous-préfets, la préfecture et le département par le préfet.

**** 167. *Quelle est la division judiciaire?***

Sous le rapport judiciaire, la France comprend les justices de paix instituées dans chaque canton pour concilier les parties et apaiser les différends; les tribunaux de commerce établis dans les principales villes; les tribunaux de première instance établis dans chaque arrondissement; les cours d'assises qui siégent tous les trois mois dans chaque département; les cours d'appel; la cour des comptes et la cour de cassation : ces deux dernières siégent à Paris.

**** 168. *Quelle est la division académique?***

Sous le rapport de l'instruction publique, la France est divisée en 16 académies, administrées chacune par un recteur.

**** 169. *Quelle est la division militaire?***

Sous le rapport militaire, la France est partagée en 18 *régions*, commandées par des maréchaux ou par des généraux.

L'Algérie forme la 19e région militaire.

**** 170. *Quelle est la division maritime?***

Sous le rapport maritime, les côtes de la France comprennent cinq arrondissements, dont les chefs-lieux sont les cinq ports militaires.

**** 171. *Quelle est la division financière?***

Sous le rapport financier, chaque département forme une recette générale, qui comprend autant de recettes particulières qu'il y a d'arrondissements.

**** 172. *Quelle est la division ecclésiastique?***

Sous le rapport ecclésiastique, la France, non compris les colonies, compte 17 archevêchés et 67 évêchés.

* 173. *Quels sont les ports militaires et arsenaux maritimes de la France?*

1º *Cherbourg,* qui commande sur les ports de Dunkerque à Cherbourg;

2º *Brest,* qui commande sur les ports compris entre Cherbourg et Lorient;

3º *Lorient,* qui commande jusqu'à Nantes, y compris;

4º *Rochefort,* qui commande jusqu'aux Pyrénées;

5º *Toulon,* qui commande sur la Méditerranée.

* 174. *Quels sont les ports marchands?*

1º Sur la MER DU NORD, Dunkerque et Calais;

2º Sur la MANCHE, Boulogne, Saint-Valéry, Dieppe, Fécamp, le Havre, Rouen, Honfleur, Caen, Granville, Cancale, Saint-Malo, Saint-Servant et Morlaix;

3º Sur l'ATLANTIQUE, Vannes, le Croisic, Saint-Nazaire, Nantes, les Sables-d'Olonne, La Rochelle, Bordeaux, Bayonne et Saint-Jean-de-Luz;

4º Sur la MÉDITERRANÉE, Port-Vendre, Agde, Cette, Marseille, La Ciotat, Antibes et Nice;

Dans l'ILE DE CORSE, Ajaccio et Bastia.

*** PLACES FORTES

*** 175. SUR LA FRONTIÈRE DU NORD: Dunkerque, Lille, Douai, Rocroy, Givet, Mézières et Seda .

SUR LA FRONTIÈRE DE L'EST: Verdun, Belfort, Langres, Besançon, le fort Barrault, Grenoble et Briançon;

SUR LA MÉDITERRANÉE: Toulon, Marseille et Montpellier;

SUR LA FRONTIÈRE DU MIDI: Perpignan et Bayonne;

SUR l'OCÉAN; Blaye, la Rochelle, Lorient et Brest;

SUR LA MANCHE Cherbourg.

COURS D'APPEL

***** 176.** Les siéges des 26 cours d'appel sont :

1. Agen.	10. Chambéry.	19. Orléans.
2. Aix.	11. Dijon.	20. Paris.
3. Amiens.	12. Douai.	21. Pau.
4. Angers.	13. Grenoble.	22. Poitiers
5. Bastia.	14. Limoges.	23. Riom.
6. Besançon.	15. Lyon.	24. Rennes.
7. Bordeaux.	16. Montpellier.	25. Rouen.
8. Bourges.	17. Nancy.	26. Toulouse.
9. Caen.	18. Nîmes.	

En outre, Alger.

ACADÉMIES

***** 177.** Les siéges des 16 académies sont :

1. Aix.	7. Dijon.	13. Paris.
2. Besançon.	8. Douai.	14. Poitiers.
3. Bordeaux.	9. Grenoble.	15. Rennes.
4. Caen.	10. Lyon.	16. Toulouse.
5. Chambéry.	11. Montpellier.	
6. Clermont.	12. Nancy.	En outre, Alger.

DIVISIONS MILITAIRES

***** 178.** Les chefs-lieux des 18 régions militaires sont :

1. Lille.	7. Besançon.	13. Clermont.
2. Amiens.	8. Bourges.	14. Grenoble.
3. Rouen.	9. Tours.	15. Marseille.
4. Le Mans.	10. Rennes.	16. Montpellier.
5. Orléans.	11. Nantes.	17. Toulouse.
6. Châlons-sur-Marne.	12. Limoges.	18. Bordeaux.

Paris et Lyon ont une organisation spéciale.

L'Algérie forme la 19e région militaire.

ARCHEVÊCHÉS ET ÉVÊCHÉS

*** 180. Les archevêchés sont :

AIX, qui a pour suffragants : Ajaccio, Digne, Fréjus (Var), Marseille; Nice est suffragant de Gênes.

ALBI, qui a pour suffragants: Cahors, Mende, Perpignan et Rodez;

ALGER (Afrique), qui a pour suffragants : Oran, Constantine

AUCH, qui a pour suffragants : Aire (Landes), Bayonne e Tarbes;

AVIGNON, qui a pour suffragants : Montpellier, Nîmes Valence et Viviers (Ardèche);

BESANÇON, qui a pour suffragants: Belley, Nancy, Saint-Dié et Verdun;

BORDEAUX, qui a pour suffragants : Agen, Angoulême, la Rochelle, Luçon (Vendée), Périgueux, Poitiers, Basse-Terre (Guadeloupe), Fort-de-France (Martinique), et Saint-Denis (île de la Réunion);

BOURGES, qui a pour suffragants : Clermont, Saint-Flour, Limoges, le Puy et Tulle;

CAMBRAI, qui a pour suffragant Arras;

CHAMBÉRY, qui a pour suffragants : Annecy, Moutiers et Saint-Jean-de-Maurienne.

LYON, qui a pour suffragants: Autun, Dijon, Grenoble, Langres et Saint-Claude.

PARIS, qui a pour suffragants : Blois, Chartres, Meaux, Orléans et Versailles;

REIMS, qui a pour suffragants : Amiens, Beauvais, Châlons-sur-Marne et Soissons;

RENNES, qui a pour suffragants : Quimper, Saint-Brieuc et Vannes;

ROUEN, qui a pour suffragants : Bayeux, Coutances, Évreux et Séez (Orne);

SENS, qui a pour suffragants : Moulins, Nevers et Troyes

TOULOUSE, qui a pour suffragants : Carcassonne, Montauban et Pamiers;

TOURS, qui a pour suffragants : Angers, Laval, le Mans et Nantes;

TABLEAU DES ANCIENNES PROVINCES
ET DES DÉPARTEMENTS QU'ELLES FORMENT (1)

RÉGION DU NORD

FLANDRE, 1 département.

NORD : *Lille*; Avesnes, Cambrai, Douai, Dunkerque, Hazebrouck, Valenciennes.

ARTOIS, 1 département.

PAS-DE-CALAIS : *Arras*; Béthune, Boulogne, Montreuil, Saint-Omer, Saint-Pol.

PICARDIE, 1 département.

SOMME : *Amiens*; Abbeville, Doullens, Montdidier, Péronne.

NORMANDIE, 5 départements.

SEINE-INFÉRIEURE : *Rouen*; Dieppe, le Havre, Neufchâtel, Yvetot.

CALVADOS : *Caen*; Bayeux, Falaise, Lisieux, Pont-l'Évêque, Vire.

MANCHE : *Saint-Lô*; Avranches, Cherbourg, Coutances, Mortain, Valognes.

ORNE : *Alençon*; Argentan, Domfront, Mortagne.

EURE : *Évreux*; Les Andelys, Bernay, Louviers, Pont-Audemer.

(1) Tout département qui dépend de plusieurs provinces a été attribué à celle qui en a fourni la plus grande partie.

Les élèves diront : Normandie, 5 départements : Seine-Inférieure, Calvados, Manche, Orne et Eure; Seine-Inf., chef-lieu Rouen, sous-préfectures Dieppe, le Havre, Neufchâtel, Yvetot. Calvados, chef-lieu, etc.

ILE-DE-FRANCE, 5 départements.

SEINE : *Paris;* Saint-Denis, Sceaux.

SEINE-ET-OISE : *Versailles;* Corbeil, Étampes, Mantes, Pontoise, Rambouillet.

OISE : *Beauvais;* Clermont, Compiègne, Senlis.

AISNE : *Laon;* Château-Thierry, Saint-Quentin, Soissons, Vervins.

SEINE-ET-MARNE : *Melun;* Coulommiers, Fontainebleau, Meaux, Provins.

CHAMPAGNE, 4 départements.

AUBE : *Troyes;* Arcis-sur-Aube, Bar-sur-Aube, Bar-sur-Seine, Nogent-sur-Seine.

MARNE : *Châlons-sur-Marne;* Épernay, Sainte-Menehould, Reims, Vitry-le-Français.

HAUTE-MARNE : *Chaumont;* Langres, Vassy.

ARDENNES : *Mézières;* Rethel, Rocroi, Sedan, Vouziers.

LORRAINE, 4 départements.

MEURTHE-ET-MOSELLE : *Nancy;* [Château-Salins], Lunéville, Toul, [Sarrebourg], Briey.

MEUSE : *Bar-le-Duc;* Commercy, Montmédy, Verdun.

(1) [MOSELLE : *Metz;* Briey, Sarreguemines, Thionville.]

VOSGES : *Épinal;* Saint-Dié, Mirecourt, Neufchâteau, Remiremont, Belfort.

RÉGION DE L'EST

[ALSACE, 2 départements.]

[HAUT-RHIN : *Colmar;* (Belfort,) Mulhouse.]

[BAS-RHIN : *Strasbourg;* Saverne, Schelestadt, Wissembourg.]

(1) Les départements mis entre crochets [ ] ont été cédés à l'Allemagne en 1871.

FRANCHE-COMTÉ, 3 départements.

Doubs : *Besançon;* Baume, Montbéliard, Pontarlier.
Haute-Saône : *Vesoul;* Gray, Lure.
Jura : *Lons-le-Saulnier;* Saint-Claude, Dôle, Poligny.

BOURGOGNE, 4 départements.

Côte-d'Or : *Dijon;* Beaune, Châtillon-sur-Seine, Semur.
Yonne : *Auxerre;* Avallon, Joigny, Sens, Tonnerre.
Saône-et-Loire : *Mâcon;* Autun, Châlon-sur-Saône, Louans, Charolles.
Ain : *Bourg;* Belley, Gex, Nantua, Trévoux.

LYONNAIS et BEAUJOLAIS, 2 départements.

Rhône : *Lyon;* Villefranche.
Loire : *Saint-Etienne;* Montbrison, Roanne.

SAVOIE, 2 départements.

Savoie : *Chambéry;* Albertville, Saint-Jean-de-Maurienne, Moutiers.
Haute-Savoie : *Annecy;* Bonneville, Saint-Julien, Thonon.

DAUPHINÉ, 3 départements.

Isère : *Grenoble;* Saint-Marcellin, la Tour-du-Pin, Vienne.
Hautes-Alpes : *Gap;* Briançon, Embrun.
Drôme : *Valence;* Die, Montélimart, Nyons.

RÉGION DU MIDI.

COMTÉ DE NICE, 1 département.

Alpes-Maritimes : *Nice;* Grasse, Puget-Théniers.

PROVENCE, 3 départements.

BOUCHES-DU-RHÔNE : *Marseille* ; Aix, Arles.
BASSES-ALPES : *Digne* ; Barcelonnette, Castellane, Forcalquier, Sisteron.
VAR : *Draguignan* ; Brignolles, Toulon.

COMTAT VENAISSIN, 1 département.

VAUCLUSE : *Avignon* ; Apt, Carpentras, Orange.

LANGUEDOC, comprenant le GÉVAUDAN, le VIVARAIS et le VELAY, 8 départements.

TARN : *Albi* ; Castres, Gaillac, Lavaur.
HAUTE-GARONNE : *Toulouse* ; Saint-Gaudens, Muret, Villefranche.
AUDE : *Carcassonne* ; Castelnaudary, Limoux, Narbonne.
HÉRAULT : *Montpellier* ; Béziers, Lodève, Saint-Pons.
GARD : *Nîmes* ; Alais, Uzès, le Vigan.
LOZÈRE : *Mende* ; Florac, Marvejols.
ARDÈCHE : *Privas* ; Largentière, Tournon.
HAUTE-LOIRE : *le Puy* ; Brioude, Yssingeaux.

ROUSSILLON, 1 département.

PYRÉNÉES-ORIENTALES : *Perpignan* ; Céret, Prades.

COMTÉ DE FOIX, 1 département.

ARIÉGE : *Foix* ; Saint-Girons, Pamiers.

GASCOGNE, 3 départements.

LANDES : *Mont-de-Marsan* ; Dax, Saint-Sever.
GERS : *Auch* ; Condom, Lectoure, Lombez, Mirande.
HAUTES-PYRÉNÉES : *Tarbes* ; Argelès, Bagnères-de-Bigorre.

BÉARN, 1 département.

BASSES-PYRÉNÉES : *Pau ;* Bayonne, Mauléon, Oloron, Orthez.

RÉGION DE L'OUEST

GUIENNE, comprenant le PÉRIGORD, le ROUERGUE et le QUERCY, 6 départements.

GIRONDE : *Bordeaux ;* Bazas, Blaye, Lesparre, Libourne, la Réole.

TARN - ET - GARONNE : *Montauban ;* Castelsarrasin, Moissac.

LOT-ET-GARONNE : *Agen ;* Marmande, Nérac, Villeneuve-sur-Lot.

AVEYRON : *Rodez ;* Saint-Affrique, Espalion, Milhau, Villefranche.

LOT : *Cahors ;* Figeac, Gourdon.

DORDOGNE : *Périgueux ;* Bergerac, Nontron, Ribérac, Sarlat.

SAINTONGE et AUNIS, 1 département.

CHARENTE-INFÉRIEURE : *La Rochelle ;* Saint-Jean-d'Angely, Jonzac, Marennes, Rochefort, Saintes.

ANGOUMOIS, 1 département.

CHARENTE : *Angoulême ;* Barbezieux, Cognac, Confolens, Ruffec.

POITOU, 3 départements.

VIENNE : *Poitiers ;* Châtellerault, Civray, Loudun, Montmorillon.

VENDÉE : *La Roche-sur-Yon ;* Fontenay-le-Comte, les Sables-d'Olonne.

DEUX-SÈVRES : *Niort ;* Bressuire, Melle, Parthenay.

ANJOU, 1 département.

MAINE-ET-LOIRE : *Angers;* Baugé, Cholet, Saumur, Segré.

MAINE, comprenant le PERCHE, 2 départements.

MAYENNE : *Laval;* Château-Gontier, Mayenne.
SARTHE : *le Mans;* Saint-Calais, la Flèche, Mamers.

BRETAGNE, 5 départements.

FINISTÈRE : *Quimper;* Brest, Châteaulin, Morlaix, Quimperlé.
CÔTES-DU-NORD : *Saint-Brieuc;* Dinan, Guingamp, Lannion, Loudéac.
ILLE-ET-VILAINE : *Rennes;* Fougères, Saint-Malo, Montfort, Redon, Vitré.
MORBIHAN : *Vannes;* Lorient, Pontivy, Ploërmel.
LOIRE-INFÉRIEURE : *Nantes;* Ancenis, Châteaubriant, Paimbœuf, Saint-Nazaire.

RÉGION DU CENTRE

TOURAINE, 1 département.

INDRE-ET-LOIRE : *Tours;* Chinon, Loches.

ORLÉANS, comprenant LA BEAUCE,
3 départements.

LOIRET : *Orléans;* Gien, Montargis, Pithiviers.
LOIR-ET-CHER : *Blois;* Romorantin, Vendôme.
EURE-ET-LOIR : *Chartres;* Châteaudun, Dreux, Nogent-le-Rotrou.

NIVERNAIS, 1 département.

NIÈVRE : *Nevers;* Château-Chinon, Clamecy, Cosne.

BOURBONNAIS , 1 département.

ALLIER : *Moulins ;* Gannat, Montluçon, la Palisse.

AUVERGNE, 2 départements.

PUY-DE-DÔME : *Clermont - Ferrand;* Ambert, Issoire, Riom, Thiers.

CANTAL : *Aurillac;* Saint-Flour, Mauriac, Murat.

LIMOUSIN , 2 départements.

HAUTE-VIENNE : *Limoges;* Bellac, Rochechouart, Saint-Yrieix.

CORRÈZE : *Tulle;* Brives-la-Gaillarde, Ussel.

MARCHE, 1 département.

CREUSE : *Guéret;* Aubusson, Bourganeuf, Boussac.

BERRI, 2 départements.

CHER : *Bourges;* Saint-Amand, Sancerre.

INDRE : *Châteauroux;* le Blanc, la Châtre, Issoudun.

DANS LA MÉDITERRANÉE

CORSE, 1 département.

CORSE : *Ajaccio ;* Bastia, Calvi, Corté, Sartène.

EN AFRIQUE

ALGÉRIE, 3 départements.

ALGER : *Alger;* Blidah, Médéah, Milianah.

ORAN : *Oran;* Mascara, Mostaganem, Tlemcen.

CONSTANTINE : *Constantine;* Bône, Guelma, Philippe-ville, Sétif.

*** 181. *Quelles sont les provinces frontières?***

1º Sur la BELGIQUE : la Flandre, la Champagne et la Lorraine.

2º Sur l'ALLEMAGNE : la Lorraine.

3º Sur la SUISSE : la Franche-Comté, la Bresse et la Savoie.

4º Sur l'ITALIE : la Savoie, le Dauphiné, la Provence et le comté de Nice.

5º Sur l'ESPAGNE : le Roussillon, le comté de Foix, la Gascogne et le Béarn.

*** 182. *Quelles sont les provinces maritimes?***

1º Sur la MER DU NORD : la Flandre.

2º Sur la MANCHE : la Picardie, la Normandie et la Bretagne.

3º Sur l'OCÉAN : la Bretagne, le Poitou, l'Aunis, Saintonge, la Guienne et la Gascogne.

4º Sur la MÉDITERRANÉE : le Roussillon, le Languedoc, la Provence et le comté de Nice.

*** 183. *Quels sont les départements frontières?***

1º Sur la BELGIQUE : le Nord, l'Aisne, les Ardennes, la Meuse et la Meurthe-et-Moselle.

2º Sur l'ALLEMAGNE : la Meuse, la Meurthe-et-Moselle, les Vosges, la Haute-Saône.

3º Sur la SUISSE : le Doubs, le Jura, l'Ain et la Haute-Savoie.

4º Sur l'ITALIE : la Haute-Savoie, la Savoie, les Hautes-Alpes, les Basses-Alpes, les Alpes-Maritimes.

5º Sur l'ESPAGNE : les Pyrénées-Orientales, l'Ariége, la Haute-Garonne, les Hautes-Pyrénées, les Basses-Pyrénées.

* **184. *Quels sont les départements maritimes?***

1° Sur la MER DU NORD : le Nord, le Pas-de-Calais.

2° Sur la MANCHE : le Pas-de-Calais, la Somme, la Seine-Inférieure, le Calvados, la Manche, l'Ille-et-Vilaine, les Côtes-du-Nord, le Finistère.

3° Sur l'OCÉAN : le Finistère, le Morbihan, la Loire-Inférieure, la Vendée, la Charente-Inférieure, la Gironde, les Landes, les Basses-Pyrénées.

4° Sur la MÉDITERRANÉE : les Pyrénées-Orientales, l'Aude, l'Hérault, le Gard, les Bouches-du-Rhône, le Var, les Alpes-Maritimes, la Corse.

5° Sur les CÔTES d'AFRIQUE : Oran, Alger et Constantine.

* **185. *Quelle est la province la plus au nord?***
La Flandre.

* **186. *Quelle est la province la plus au sud?***
Le Roussillon.

* **187. *Quelle est la province la plus à l'est?***
La Provence.

* **188. *Quelle est la province la plus à l'ouest?***
La Bretagne.

* **189. *Quel est le département le plus au nord?***
Le Nord.

* **190. *Quel est le département le plus au sud?***
Les Pyrénées-Orientales.

* **191. *Quel est le département le plus à l'est?***
Les Alpes-Maritimes.

* **192. *Quel est le département le plus à l'ouest?***
Le Finistère.

** NOMS DES DÉPARTEMENTS

**** 193. *D'où les départements tirent-ils leurs noms?***

Les départements tirent leurs noms des fleuves ou des rivières qui les arrosent, de leurs montagnes, d'une ville, de leur position ou de quelque particularité remarquable.

** DÉPARTEMENTS QUI TIRENT LEURS NOMS DES FLEUVES OU DES RIVIÈRES

**** 194.** La Seine donne son nom à quatre départements : Seine, Seine-et-Oise, Seine-et-Marne, Seine-Inférieure.

**** 195.** Les affluents de la Seine donnent leur nom à dix départements : Aube, Marne, Haute-Marne, Seine-et-Marne, Oise, Seine-et-Oise, Aisne, Yonne, Eure, Eure-et-Loir.

**** 196.** La Loire donne son nom à six départements : Loire, Haute-Loire, Saône-et-Loire, Indre-et-Loire, Maine-et-Loire, Loire-Inférieure.

**** 197.** Les affluents de la Loire donnent leur nom à treize départements : Nièvre, Maine-et-Loire, Mayenne, Sarthe, Loir-et-Cher, Eure-et-Loir, Allier, Loiret, Cher, Indre-et-Loire, Vienne, Haute-Vienne, Creuse.

**** 198.** Le Rhône donne son nom à deux départements : Rhône, Bouches-du-Rhône.

**** 199.** Les affluents du Rhône donnent leur nom à huit départements : Ain, Saône-et-Loire, Haute-Saône, Doubs, Ardèche, Gard, Isère, Drôme.

** 200. La Garonne donne son nom à quatre départements : Haute-Garonne, Tarn-et-Garonne, Lot-et-Garonne, Gironde.

**·201. Les affluents de la Garonne donnent leur nom à neuf départements : Ariége, Tarn, Tarn-et-Garonne, Aveyron, Lot, Lot-et-Garonne, Dordogne, Corrèze, Gers.

** 203. Les affluents du Rhin donnent leur nom au département : [Moselle], Meurthe-et-Moselle.

** 204. La Meuse donne son nom au département de la Meuse.

** 205. Les rivières qui se jettent dans la mer donnent leur nom à neuf départements : Somme, Orne, Ille-et-Vilaine, Vendée, Charente, Charente-Inférieure Aude, Hérault, Var.

** 206. La Sèvre nantaise et la Sèvre niortaise donnent leur nom au département des Deux-Sèvres.

DÉPARTEMENTS QUI TIRENT LEURS NOMS DES MONTAGNES

** 207. Les Pyrénées donnent leur nom à trois départements : Basses-Pyrénées, Hautes-Pyrénées et Pyrénées-Orientales.

** 208. Les Alpes donnent leur nom à trois départements : Basses-Alpes, Hautes-Alpes, Alpes-Maritimes.

** 209. Les monts de l'intérieur de la France donnent leur nom à quatre départements : Lozère, Puy-de-Dôme, Cantal et Côte-d'Or.

** 210. Le Jura et les Vosges donnent leurs noms aux départements du Jura et des Vosges.

DÉPARTEMENTS QUI TIRENT LEURS NOMS D'UNE VILLE, DE LEUR POSITION OU DE QUELQUE PARTICULARITÉ REMARQUABLE.

Les Ardennes, de la forêt des Ardennes.

Le Calvados, d'un banc de rochers situés sur ses côtes, et appelé ainsi d'un vaisseau espagnol, *le Calvados*, qui y fit naufrage en 1588.

La Corse, de l'île de Corse.

Les Côtes-du-Nord, de la position de ses côtes sur la Manche.

Le Finistère, de sa position à l'extrémité ouest de la terre de France.

Les Landes, des landes dont le département est couvert.

La Manche, de la mer qui baigne ses côtes.

Morbihan, du golfe du Morbihan.

Nord, de sa position à l'égard de la France.

Pas-de-Calais, du détroit qui le sépare de l'Angleterre.

Savoie, de l'ancienne province dont il est formé.

Haute-Savoie, id.

Vaucluse, de la fontaine de Vaucluse.

Alger, de la ville d'Alger.

Oran, de la ville d'Oran.

Constantine, de la ville de Constantine.

GÉOGRAPHIE HISTORIQUE DE LA FRANCE
Grand atlas. (Pl. 10.)

* 211. *En combien de provinces la France était-elle divisée avant 1789?*

Avant 1789, la France était divisée en 35 provinces.

Ces provinces ont été réunies successivement à la couronne par huit causes principales.

** PAR CONQUÊTE

La *Touraine*, cap. Tours, sous Philippe-Auguste, en 1203.

L'*Alsace*, cap. Strasbourg, sous Louis XIV, en 1648. [Cédée à l'Allemagne en 1871.]

La *Flandre* française, cap. Lille; la *Franche-Comté*, cap. Besançon; l'*Artois*, cap. Arras; le *Roussillon*, cap. Perpignan, sous Louis XIV, par le traité des Pyrénées, en 1659.

Le *Poitou*, cap. Poitiers; l'*Aunis*, cap. la Rochelle; la *Saintonge*, cap. Saintes, sous Charles V, en 1372.

La *Guienne*, cap. Bordeaux; la *Gascogne*, cap. Auch, sous Charles VII, en 1453.

Le *Lyonnais*, cap. Lyon, sous Philippe le Bel, en 1312.

*** PAR CONFISCATION

La *Normandie*, cap. Rouen, par Philippe-Auguste, sur Jean sans Terre, roi d'Angleterre, en 1204.

Le *Bourbonnais*, cap. Moulins; l'*Auvergne*, cap. Clermont; la *Marche*, cap. Guéret, par François Ier, sur le connétable de Bourbon, en 1523.

Le *Comtat*, cap. Avignon, sur Pie VI, en 1791.

La *Bourgogne*, cap. Dijon; la *Picardie*, cap. Amiens, enlevées par Louis XI à Marie, héritière de Charles le Téméraire, en 1477.

*** PAR APANAGE

L'*Ile-de-France*, cap. Paris; l'*Orléanais*, cap. Orléans, par l'avénement de Hugues Capet, en 987.

Le *Béarn*, cap. Pau; le *Comté de Foix*, cap. Foix; le *Limousin*, cap. Limoges, par l'avénement de Henri IV, en 1589.

L'*Angoumois*, cap. Angoulême, par l'avénement de François Ier, en 1515.

*** PAR HÉRITAGE

Le *Maine*, cap. le Mans; l'*Anjou*, cap. Angers; la *Provence*, cap. Aix, sous Louis XI, en 1481.

Le *Languedoc*, cap. Toulouse, sous saint Louis, en 1271.

La *Lorraine*, cap. Nancy, sous Louis XV, par la mort de Stanislas Leckzinski, en 1766. [En partie cédée à l'Allemagne en 1871.]

*** PAR ACHAT

Le *Comté de Montpellier*, sous Philippe VI, en 1349.

Le *Berri*, sous Philippe Ier, en 1000.

Le *Nivernais*, sous Louis XIV, en 1665.

La *Corse*, sous Louis XV, en 1768.

*** PAR MARIAGE

La *Champagne-et-Brie*, cap. Troyes, en 1284, par le mariage de Philippe le Bel avec Jeanne de Navarre.

La *Bretagne*, en 1491, par le mariage de Charles VIII avec Anne de Bretagne.

*** PAR DON

Le *Dauphiné*, cap. Grenoble, donné à Philippe VI par le dernier de ses comtes, en 1349.

*** PAR ANNEXION

La *Savoie*, cap. Chambéry; le *Comté de Nice*, cap. Nice, sous Napoléon III, en 1860.

CHEMINS DE FER

** 212. Un *réseau* est l'ensemble des chemins de fer qui sillonnent un pays. La France a six grands réseaux, dont cinq partent de Paris; ils vont aux frontières, où ils se relient aux chemins de fer étrangers.

RÉSEAU DU NORD

** 213. *Dites les lignes du réseau du Nord.*

La ligne de *Boulogne*, de Paris à Amiens et Boulogne.

La ligne de *Calais*, de Paris à Amiens, Arras et Calais;

La ligne de *Dunkerque*, de Paris à Amiens, Arras et Dunkerque;

La ligne de *Lille*, de Paris à Amiens, Arras, Douai, et Lille;

La ligne de *Bruxelles*, de Paris à Amiens, Arras, Douai, Valenciennes et Bruxelles.

RÉSEAU DE L'OUEST

** 214. *Dites les lignes du réseau de l'Ouest.*

La ligne de *Rouen* ou du *Havre*, de Paris à Mantes, Rouen et le Havre;

La ligne de *Cherbourg*, de Paris à Mantes, Évreux, Caen, Bayeux, Valognes et Cherbourg;

La ligne de *Brest*, de Paris à Versailles, Chartres, le Mans, Laval, Rennes, Saint-Brieuc et Brest.

RÉSEAU D'ORLÉANS OU DU CENTRE

** 215. *Dites les lignes du réseau d'Orléans.*

La ligne de *Nantes*, de Paris à Étampes, Orléans, Blois, Tours, Angers, Nantes et Saint-Nazaire;

La ligne de *Bordeaux*, de Paris à Orléans, Tours, Poitiers, Angoulême et Bordeaux;

La ligne du *Centre*, de Paris à Orléans, Château-roux, Limoges, Périgueux et Montauban.

RÉSEAU DU MIDI

**** 216. *Quelles sont les principales lignes du réseau du Midi?***

La ligne de *Bayonne*, qui continue la ligne de Paris à Bordeaux;

La ligne de *Cette*, de Bordeaux à Agen, Montauban, Toulouse, Carcassonne, Narbonne, Béziers et Cette.

RÉSEAU DE LYON ET MÉDITERRANÉE

**** 217. *Quelles sont les principales lignes du réseau de Lyon et Méditerranée?***

La ligne de *Bourgogne*, de Paris à Melun, Dijon, Mâcon et Lyon,

La ligne du *Bourbonnais*, de Fontainebleau à Nevers, Moulins, Saint-Étienne et Lyon;

La ligne de *Suisse*, de Lyon à Genève;

La ligne de *Savoie*, de Lyon à Chambéry et Turin;

La ligne du *Dauphiné*, de Lyon à Grenoble;

La ligne de *Lyon à la Méditerranée*, de Lyon à Valence, Avignon, Marseille, Toulon et Nice.

RÉSEAU DE L'EST

**** 218. *Quelles sont les principales lignes du réseau de l'Est?***

La ligne de *Mulhouse*, de Paris à Troyes, Chaumont, Vesoul, Mulhouse et Bâle;

La ligne de *Strasbourg*, de Paris à Meaux, Château-Thierry, Épernay, Châlons, Bar-le-Duc, Nancy et Strasbourg;

La ligne des *Ardennes*, de Paris à Soissons, Reims, Mézières, Namur, Liége, Cologne.

POSSESSIONS LOINTAINES DE LA FRANCE

** **219.** — EN ASIE. 1° Dans l'Hindoustan : Chandernagor, sur l'un des bras du Gange ; — Yanaon, Pondichéry et Karikal, sur la côte de Coromandel ; — Mahé, sur la côte de Malabar.

2° Dans l'Indo-Chine : la Basse-Cochinchine, capitale Saïgon ; — et les îles Poulo-Condor, au sud-est de cette province.

** **220.** — EN AFRIQUE. 1° Dans la Barbarie : l'Algérie, capitale Alger ; villes principales, Constantine et Oran. C'est la plus importante de nos colonies : sa surface est les quatre cinquièmes de la France.

2° Dans la Sénégambie : le Sénégal, cap. Saint-Louis.

Les territoires de la Côte-d'Or et du Gabon, dans la Guinée, paraissent être abandonnés (1871).

3° Dans l'océan Indien : 1° les îles de la Réunion et de Sainte-Marie, à l'est de Madagascar, — 2° Mayotte, Nossi-bé et ses dépendances, dans le canal de Mozambique, au nord-ouest de Madagascar.

** **221.** — EN AMÉRIQUE. 1° Dans l'Amérique méridionale : la Guyane française, capitale Cayenne.

2° Dans les petites Antilles : 1° la Martinique, capitale Fort-de-France. — 2° la Guadeloupe, cap. Basse-Terre. Ses dépendances sont : la Désirade, Marie-Galante, les Saintes et les deux tiers de l'île Saint-Martin.

3° Dans le golfe Saint-Laurent : l'île Saint-Pierre et les deux îles Miquelon.

** **222.** — EN OCÉANIE. 1° Dans la Mélanésie : la Nouvelle-Calédonie et ses dépendances, capitale Nouméa.

2° Dans la Polynésie : 1° les îles Marquises. — 2° Les États du Protectorat, capitale Papéite (1).

(1) Les États du Protectorat comprennent : les îles Taïti, Morea, une partie du groupe de Touboaï et 80 îlots de l'archipel Pomotou.

ASIE

***** 228.** L'Écriture sainte place le paradis terrestre dans l'Asie, qui a été le berceau du genre humain, de la religion et des premiers empires. Après le déluge, l'arche s'arrêta en Arménie, et c'est de là que partirent les enfants de Noé pour repeupler la terre. Mais ce qui imprime à l'Asie un caractère en quelque sorte sacré, c'est que, sur le Sinaï, Dieu daigna parler à Moïse; dans ses villes, les prophètes firent entendre leur voix inspirée; le peuple juif fut chargé du dépôt de sa loi, et vit s'accomplir les sublimes mystères de la rédemption du genre humain par la vie et la mort du Fils de Dieu.

Les habitants de l'Asie se divisent en civilisés et en nomades; ces derniers, chasseurs et bergers, occupent les vastes plaines de l'Asie centrale. A l'occident, à l'orient et au midi, se sont formés de grands empires, dont la forme du gouvernement est généralement le despotisme. Les Anglais, depuis qu'ils règnent dans l'Inde, y ont introduit la civilisation européenne.

Les routes et canaux n'existent qu'en Chine et au Japon; partout ailleurs, on ne trouve que de larges chemins tracés irrégulièrement par le passage des caravanes, ou compagnies de marchands qui s'associent pour voyager avec plus de sûreté.

Climat. — L'Asie, par son immense étendue, offre tous les climats. Au nord, le sol couvert de neige et de glace pendant près de dix mois est généralement inculte, mais il renferme de grandes richesses minérales. Le centre offre alternativement des steppes sablonneuses, salées, arides, et des plaines constamment couvertes de la plus magnifique végétation. Le midi donne tous les produits des pays situés entre les tropiques.

ANIMAUX. — Les espèces sauvages les plus remarquables
sont : dans le nord, l'ours blanc et un grand nombre d'animaux à fourrures; dans le midi, l'éléphant, le rhinocéros,
le lion, le tigre, le crocodile, et un grand nombre de
singes. Les chevaux arabes sont renommés pour la course ;
le chameau et le dromadaire servent de bêtes de somme et
de monture.

VÉGÉTAUX. — L'Asie est la partie du monde la plus riche
en céréales, en plantes potagères et en arbres fruitiers.
Toutes les espèces du règne végétal y croissent en abondance, et parmi celles qui lui sont particulières, on remarque le caféier, la canne à sucre, le palmier, le dattier,
le bananier, l'indigotier, le cocotier, le thé, le poivre, le
camphrier, le cannellier, le bétel, le bambou, etc.

MINÉRAUX. — L'Asie a quelques mines d'or, d'argent,
de platine, de fer, de cuivre, d'étain, etc.; mais ses mine-
rais les plus précieux sont les diamants et les autres
pierres précieuses. Les plus belles perles se pêchent sur les
côtes de l'Asie.

** 224. *Quelles sont les bornes de l'Asie ?*

Au NORD, l'océan Glacial.

A L'EST, le grand Océan.

Au SUD, la mer des Indes.

A L'OUEST, la mer Roug , la Méditerranée et l'Europe.

** 225. *Quelle est l'étendue de l'Asie?*

La longueur de l'Asie, de l'est à l'ouest, est d'environ
2 800 kilomètres, et du nord au sud de 9 700.

** 226. *Quelle est la population de l'Asie ?*

L'Asie a plus de la moitié de la population du
globe, c'est-à-dire environ 700 millions d'habitants.

** 227. *Comment divise-t-on l'Asie ?*

L'Asie se divise en douze principales contrées :

Au NORD, la *Sibérie*, principale ville, Tobolsk.

A l'OUEST : la *Caucasie*, ville principale Tiflis; 2° la *Turquie d'Asie*, principales villes Smyrne, Damas, Alep et Jérusalem; 3° l'*Arabie*, principale ville la Mecque; 4° la *Perse*, capitale TÉHÉRAN; 5° l'*Afghanistan* ou *Caboul*, capitale CABOUL; et 6° le *Belouchistan*, capitale KÉLAT.

Au SUD : 1° l'*Hindoustan*, principales villes Calcutta, Madras, Pondichéry et Bombay; 2° l'*Indo-Chine*, principales villes Mandelai, Bankok et Saïgon.

A l'EST, le *Japon*, capitale YEDO.

Au MILIEU : 1° l'*Empire Chinois*, comprenant la *Chine*, capitale PÉKIN; le royaume de *Corée;* et le *Thibet*, capitale Lhassa; 2° la *Tartarie* ou *Turkestan indépendant*, ville principale BOUKHARA.

** 228. *Quelles sont les mers de l'Asie ?*

Les grandes mers qui baignent l'Asie sont :

Au NORD, l'*océan Glacial arctique*.

A l'EST, le *grand Océan*.

Au MIDI, la mer des *Indes*.

Les petites mers de l'Asie sont :

Au NORD-EST, la mer de *Behring*.

A l'EST, la mer du *Japon*, la mer *Jaune*, la mer *Bleue* et la mer de la *Chine*.

A l'OUEST la mer *Rouge*, la *Méditerranée* et la mer *Caspienne*.

**** 229. *Quels sont les golfes de l'Asie ?***

Au **nord**, ceux de *Kara* et d'*Obi*.

Au **sud**, ceux de *Bengale*, d'*Oman*, d'*Ormus*, le golfe *Persique*, et l'*Arabique* ou *mer Rouge*.

**** 230. *Quels sont les îles et archipels de l'Asie ?***

Dans la **Méditerranée**, les îles de l'*Archipel* et l'île de *Chypre*.

Au **sud** de l'**Hindoustan**, les *Laquedives*, les *Maldives* et l'île *Ceylan*.

À **l'ouest de l'Indo-Chine**, les îles *Merghi*.

Près de la Chine, l'île *Haïnan* et l'île *Formose*.

Au **sud du Japon**, les îles *Lieou-Kieou*.

Les îles du Japon, dont la principale est *Nipon*.

Au **sud du Kamtchatka**, les *Kourilles*.

**** 231. *Quelles sont les presqu'îles de l'Asie ?***

L'Asie a quatre grandes presqu'îles et trois petites.

Les quatre grandes presqu'îles de l'Asie sont :

L'*Arabie*, entre la mer Rouge et le golfe Persique.

L'*Anatolie*, entre la Méditerranée et la mer Noire.

L'*Hindoustan*, entre le golfe d'Oman et le golfe du Bengale.

L'*Indo-Chine*, entre le golfe du Bengale et la mer de la Chine.

Les trois petites presqu'îles de l'Asie sont :

Malacca, la *Corée* et le *Kamtchatka*.

**** 232. *Quels sont les caps de l'Asie ?***

Au **nord**, le cap *Sévéro*.

Au **nord-ouest**, le cap *Oriental* et le cap *Lopatka*.

Au **midi**, le cap *Romania*, le cap *Comorin* et le cap *Rasalgate*.

** 233. *Quels sont les détroits de l'Asie ?*

Au NORD-EST, le détroit de *Behring*.

A l'EST, la *Manche de Tarrakaï*, les détroits de *la Pérouse* et de *Corée*.

Au SUD, les détroits de *Malacca*, d'*Ormus* et de *Bab-el-Mandeb*.

** 234. *Quels sont les isthmes de l'Asie ?*

L'isthme de *Suez* joint l'Asie à l'Afrique.

L'isthme de *Kra* joint la presqu'île de Malacca au continent.

** 235. *Quelles sont les montagnes de l'Asie ?*

Les monts *Ourals*, entre l'Europe et l'Asie.

Les monts *Caucase*, entre la mer Noire et la mer Caspienne.

Les monts *Himalaya*, dont les 89 pics sont les plus élevés du globe ; le plus haut a 8 840 mètres.

** 236. *Quels sont les lacs de l'Asie ?*

Les lacs *Baïkal* et *Balkach*, en Sibérie.

Le lac ou la mer d'*Aral*, au nord du Turkestan.

Le lac *Asphaltite* ou *mer Morte*, dans la Palestine, au lieu où étaient Sodome et Gomorrhe ; ses eaux sont imprégnées de sel, d'alun et de soufre ; le Jourdain s'y perd après avoir traversé les lacs de *Merom* et de *Tibériade*.

** 237. *Quels sont les fleuves de l'Asie ?*

L'*Obi*, l'*Iénisséi* et la *Léna*, en Sibérie.

Le *Saghalien* et les fleuves *Jaune* et *Bleu*, en Chine.

Le *Cambodje*, dans l'Indo-Chine.

Le *Brahmapoutre*, le *Gange*, l'*Indus*, dans l'Hindoustan.

L'*Euphrate*, dans la Turquie d'Asie.

AFRIQUE

★★★ **238.** Les anciens n'ont connu que le nord de l'Afrique, qui a passé successivement sous la puissance des Romains, des Vandales et des Musulmans. Les Français se sont emparés en 1830 de l'Algérie, et ont mis fin à une piraterie qui, depuis plusieurs siècles, était une source de calamités pour toutes les côtes méridionales de l'Europe.

Quelques peuples situés le long de la mer profitent de la civilisation de l'Europe ; mais ceux qui sont dans l'intérieur sont plongés dans la barbarie et ne nous sont que très-imparfaitement connus.

L'Afrique ne tient à l'ancien continent que par l'isthme de Suez ; de tous les autres côtés elle est entourée par la mer, et forme la plus grande presqu'île du globe. Ses côtes n'ont pas de déchirures profondes comme celles de l'Europe, et cette circonstance, contraire aux progrès de la navigation et du commerce, a dû nuire à la civilisation du pays.

Le centre de l'Afrique a d'immenses déserts de sable, où l'on rencontre de loin en loin des *oasis*, ou petites portions de terrains fertiles, arrosés par des sources et couverts d'arbres et d'habitations. Les caravanes qui traversent ces déserts sont quelquefois ensevelies sous les montagnes de sable que le vent soulève comme les flots de la mer.

CLIMAT. — L'Afrique est la partie du monde la plus chaude et la plus sèche, et ses côtes sont les plus malsaines du globe. Entre l'équateur et le tropique boréal, des pluies générales commencent en juin, et tombent pendant trois mois avec une violence extrême. Les fleuves débordent et couvrent de grandes étendues de terrain. Le soleil reparaît en septembre, et fait sortir une abondante végétation. Du mois d'octobre au mois d'avril, il ne tombe pas une goutte d'eau. Entre l'équateur et le tropique austral, les pluies ont lieu du mois d'octobre au mois de mars, et la belle saison occupe le reste de l'année.

ANIMAUX. — L'Afrique nourrit les animaux les plus grands et les plus redoutables : la girafe, l'éléphant, le rhinocéros, l'hippopotame, le buffle, le lion, le tigre, la panthère, le léopard, l'hyène, le crocodile et le serpent. De nombreuses espèces de singes habitent ses forêts ; et, parmi ses oiseaux, on remarque l'autruche, la grue, la cigogne, les perroquets, les vautours et les albatros, etc.

VÉGÉTAUX. — On rencontre le cocotier vers l'équateur, le dattier au milieu des sables, et les gigantesqnes baobabs sur les hauteurs de l'Afrique occidentale. Le bananier, l'acacia et le palmier sont communs dans l'Afrique moyenne. Le café croît naturellement en Abyssinie ; les orangers, les citronniers et les limoniers se voient principalement sur les côtes de la Méditerranée.

MINÉRAUX. — L'Afrique est la partie de l'ancien continent la plus riche en poudre d'or ; l'argent se trouve dans quelques parties du centre. Le cuivre et le fer sont assez abondants. Le plomb est exploité dans l'Algérie.

**** 239.** *Quelles sont les bornes de l'Afrique ?*

Au NORD, la Méditerranée.

A l'EST, l'isthme de Suez, la mer Rouge et la mer des Indes.

Au SUD et à l'OUEST, l'océan Atlantique.

**** 240.** *Quelle est l'étendue de l'Afrique ?*

L'Afrique a 7 750 kilomètres du nord au sud et 7 000 kilom. de l'est à l'ouest.

**** 241.** *Quelle est la population de l'Afrique ?*

L'Afrique a environ 100 millions d'habitants.

** 242. *Comment divise-t-on l'Afrique ?*

En seize contrées principales, qui sont :

Au NORD, la *Barbarie*, comprenant les États de *Tripoli*, de *Tunis*, d'*Alger*, et l'empire du *Maroc*.

A l'OUEST, le grand désert de *Sahara*, la *Sénégambie*, ville principale Saint-Louis ; la *Guinée septentrionale* et la *Guinée méridionale*.

Au SUD, la *Hottentotie*, et la *Colonie du Cap*, ville principale le Cap.

A l'EST, la *Cafrerie*, le *Mozambique*, le *Zanguebar*, et les côtes d'*Ajan* et d'*Adel* ; l'*Abyssinie* et la *Nubie*, formant l'ancienne Éthiopie, villes principales *Gondar* et *Maruka* ; l'*Égypte*, villes principales le Caire et Alexandrie.

Au MILIEU, le grand désert du *Sahara*, le *Soudan* ou *Nigritie*.

** 243. *Quelles sont les mers de l'Afrique?*

Au NORD, la *Méditerranee*.

A l'OUEST, l'*Atlantique*.

Au SUD, le *grand Océan*.

A l'EST, la mer des *Indes* et la mer *Rouge*.

** 244. *Quels sont les golfes de l'Afrique ?*

Le golfe de *Guinée*, entre les deux Guinées.

Le golfe d'*Aden*, à l'entrée de la mer Rouge.

Et le golfe de *Suez*, près de l'isthme de ce nom.

**245. *Quels sont les îles et archipels de l'Afrique?*

Dans l'OCÉAN ATLANTIQUE, les *Açores*, les îles *Madères*, les îles *Canaries* et les îles du *Cap-Vert*.

Dans la MER DES INDES, l'île de *Madagascar*, l'île de la *Réunion*, l'île *Maurice*, les îles *Seychelles* et l'île *Socotora*.

**** 246. *L'Afrique a-t-elle des presqu'îles?***

L'Afrique n'a pas de presqu'île remarquable; mais elle constitue elle-même la plus grande presqu'île du globe.

**** 247. *Quels sont les caps de l'Afrique?***

Au NORD, le cap *Bon*.

A l'OUEST, le cap *Blanc* et le cap *Vert*.

Au SUD, le cap de *Bonne-Espérance* et le cap des *Aiguilles*.

A l'EST, le cap *Guardafui*.

**** 248. *Quels sont les détroits de l'Afrique?***

Le détroit de *Gibraltar*, entre l'Espagne et l'Afrique.

Le détroit de *Bab-el-Mandeb*, à l'entrée de la mer Rouge.

Le canal de *Mozambique*, entre l'Afrique et l'île de Madagascar.

**** 249. *Quel est l'isthme de l'Afrique?***

L'isthme de *Suez* joint l'Afrique à l'Asie.

**** 250. *Nommez les montagnes de l'Afrique?***

Le *Pic de Ténériffe*, dans l'île de ce nom;

Les monts de la *Lune* ou *Kénia*, à l'O. du Zanguebar;

Et l'*Atlas*, dans la Barbarie.

**** 251. *Quels sont les volcans de l'Afrique?***

Le pic de *Ténériffe*, dans une île des Canaries.

Le pic de *Feu*, dans une île du Cap-Vert.

**** 252. *Quels sont les lacs de l'Afrique?***

Le lac *Dibbie*, traversé par le Niger; le lac *Dembéa*, traversé par le Nil, et le lac *Tchad*.

**** 253. *Quels sont les fleuves d'Afrique?***

Le *Nil* arrose l'Égypte et se jette dans la Méditerranée.

Le *Sénégal*, le *Niger* et le *Zaïre* se jettent dans l'Atlantique.

Le *Zambèze* se jette dans la mer des Indes.

AMÉRIQUE

*** 254. L'Amérique fut découverte, en 1492, par le Génois Christophe Colomb, qui lui donna le nom d'*Indes Occidentales*, parce qu'il avait cru aborder aux extrémités de l'Asie. Cinq ans plus tard, le Florentin Améric Vespuce parcourut une partie du continent, et lui laissa son nom.

Au moment de la découverte, l'Amérique comptait deux nations vivant en société, le Mexique au nord, et le Pérou au sud; partout ailleurs on ne rencontrait que des peuplades toujours en guerre, et cherchant à s'isoler. Les Espagnols, puis les divers États de l'Europe y fondèrent de nombreuses colonies, qui ont fini par se constituer en États indépendants. Les Indiens ont été en partie exterminés au moment de la conquête; d'autres se sont mêlés à leurs vainqueurs; quelques peuplades sont encore sauvages. La plus grande partie de la population actuelle descend des Européens.

CLIMATS. — L'Amérique est de toutes les parties du monde celle dont les extrémités nord et sud approchent le plus des pôles. Elle offre la réunion de tous les climats; mais sa température est généralement moindre qu'aux mêmes latitudes de l'ancien continent, parce qu'elle est constamment rafraîchie par des vents qui, partis des deux Océans, rencontrent des montagnes toujours couvertes de neige, même sous l'équateur, et soufflent sur des terres couvertes de forêts, de prairies, de lacs, de marais immenses, et traversées par les plus grands fleuves du monde.

ANIMAUX. — Le nord nourrit des ours blancs redoutables, des rennes, des bisons, des loups, des castors et d'autres animaux à fourrure. Entre les tropiques vivent les lamas, la vigogne et la cochenille. Des troupeaux de chevaux et de bœufs sauvages errent dans le Brésil. Les forêts sont peuplées de singes, de perroquets, de faisans, et d'une multitude d'oiseaux à plumage magnifique. Dans les vastes marécages, les reptiles se reproduisent sous des

variétés infinies; le plus redoutable est le serpent à sonnettes;
on trouve au Chili des araignées fort dangereuses et de la
grosseur d'un œuf.

On pêche la morue sur les côtes de Terre-Neuve, et la ba-
leine dans les mers du nord et du sud.

VÉGÉTAUX. — L'Amérique a fourni à l'ancien continent la
pomme de terre, le tabac, le cacao, le maïs, l'ananas, les
tomates', les topinambours, le piment, la capucine, le
dahlia, le quinquina, l'ipécacuanha, le baume de copahu.
Ses forêts sont riches en bois de teinture, en palissandre,
en acajou, en bois de fer, etc. Vers les tropiques mûrissent
d'immenses plantations de café, de coton, de canne à sucre,
de cacao et d'indigo.

MINÉRAUX. — L'Amérique renferme en abondance le fer,
le plomb, l'étain, le cuivre et le mercure; mais ses mines
les plus célèbres sont celles d'argent, d'or et de diamants.
L'exploitation de ces dernières a perdu de son importance,
mais celles d'argent sont encore les plus riches du globe.

** 255. *Quelles sont les bornes de l'Amérique?*

Au NORD, l'océan Glacial.

A l'EST, l'Atlantique.

Au SUD et à l'OUEST, le grand Océan ou mer Pacifique.

* 256. *Quelle est l'étendue de l'Amérique?*

Elle a près de 15 000 kilom. de long; mais sa largeur varie beaucoup; dans son milieu elle n'a qu'environ 75 kilomètres.

* 257. *Quelle est la population de l'Amérique?*

L'Amérique a 90 millions d'habitants.

258. *Comment se divise l'Amérique?*

L'Amérique se divise en deux grandes presqu'îles :
l'Amérique du Nord et l'Amérique du Sud; elles sont
séparées par l'isthme de Panama.

*** 259. *Comment se divise l'Amérique du Nord ?***

Elle se divise en sept parties, qui sont :

1° Les *Terres arctiques*, comprenant le *Groënland* et a *Terre de Baffin* ;

2° Le territoire d'*Alaska*, appartenant aux États-Unis ;

3° La *Nouvelle-Bretagne* ou le *Canada*, villes principales Québec et Montréal ;

4° Les *États-Unis*, villes principales Washington et New-York ;

5° Le *Mexique*, capitale Mexico ;

6° L'*Amérique centrale*, formant plusieurs républiques dont la principale est le *Guatimala*, capitale Guatimala ;

7° Les *Antilles*, comprenant les îles de *Cuba, Haïti, Jamaïque, Porto-Rico*, etc.

*** 260. *Comment se divise l'Amérique du Sud ?***

En dix parties principales, qui sont :

1° La *Colombie*, capitale Santa-Fé-de-Bogota ;

2° L'*Équateur*, capitale Quito ;

3° Le *Vénézuéla*, capitale Caracas ;

4° La *Guyane*, villes principales Cayenne, Paramaribo, Georgetown ;

5° Le *Pérou*, capitale Lima ;

6° La *Bolivie*, capitale La Paz ;

7° Le *Chili*, capitale Santiago ;

8° Le *Brésil*, capitale Rio-Janeiro ;

9° Le *Paraguay*, capitale l'Assomption ;

10° La *Plata*, capitale Buénos-Ayres ;

11° L'*Uruguay*, capitale Montevidéo ;

12° La *Patagonie* et la *Terre-de-Feu*, peu habitées.

**** 261. *Quelles sont les mers de l'Amérique?***
L'Amérique est entourée par quatre grandes mers :
Au NORD, l'océan *Glacial arctique.*
A l'OUEST, le *grand Océan.*
Au SUD, l'océan *Glacial antarctique,*
Et à l'EST, l'*Atlantique.*
L'Amérique compte trois petites mers :
Au NORD, la mer de *Baffin.*
A l'EST, la mer des *Antilles.*
Au NORD-OUEST, la mer de *Behring.*

**** 262. *Quels sont les golfes de l'Amérique?***
Au NORD, les golfes d'*Hudson* et de *Saint-Laurent.*
A l'EST, le golfe du *Mexique.*
A l'OUEST, le golfe de *Panama.*

**** 263. *Quels sont les îles et archipels de l'Amérique?***
Les *Aléoutiennes* ou Îles-aux-Renards, à l'ouest de l'Alaska.
La *Terre-de-Feu*, au sud de la Patagonie.
L'archipel des *Antilles*, entre les deux Amériques.
Les îles *Lucayes*, près de la Floride.
Et l'île de *Terre-Neuve*, près de l'embouchure du fleuve Saint-Laurent.

**** 264. *Nommez les presqu'îles de l'Amérique?***
La *Vieille-Californie*, l'*Yucatan*, la *Floride*, le *Labrador* et le *Groënland.*

**** 265. *Quels sont les caps de l'Amérique?***
Le cap *Barrow* et le cap *Occidental*, dans l'Alaska;
le cap *Charles*, à l'est du Labrador.

Le cap *Saint-Roch*, au Brésil.

Le cap *Horn*, dans la Terre-de-Feu.

Et le cap *Blanc*, au Pérou.

**** 266. *Nommez les détroits de l'Amérique.***

Au NORD, les détroits de *Behring* et d'*Hudson*.

A l'OUEST, le détroit de la *Floride*.

Au SUD, le détroit de *Magellan*.

**** 267. *Quel est l'isthme de l'Amérique ?***

L'isthme de *Panama* joint les deux Amériques et a 4 myriamètres de largeur.

**** 268. *Quelles sont les montagnes de l'Amérique ?***

Les *monts Rocheux*, les *Cordillières* et les *Andes*, qui parcourent les deux Amériques depuis le cap Barrow jusqu'au détroit de Magellan.

Le sommet de ces montagnes est toujours couvert de neiges, tandis que leurs revers et les plaines voisines donnent d'abondantes récoltes.

**** 269. *Quels sont les volcans de l'Amérique ?***

Le *Saint-Élie*, dans l'Alaska.

Le *Popocatepetl*, dans le Mexique.

L'*Antisana*, dans les Andes, près de Quito.

**** 270. *Quels sont les lacs de l'Amérique ?***

Ce sont les lacs *Supérieur*, *Michigan*, *Huron*, *Érié* et *Ontario*, d'où sort le fleuve Saint-Laurent.

**** 271. *Quels sont les fleuves de l'Amérique ?***

Le fleuve *Saint-Laurent*, qui a 130 kilom. de large à son embouchure dans l'océan Atlantique; le *Mississipi*, l'*Orénoque*, l'*Amazone*, le plus grand de l'univers; la *Plata*, qui a 224 kilomètres de large à son embouchure.

OCÉANIE

*** 272. Les anciens ne connaissaient pas l'Océanie, et c'est aux Portugais que revient l'honneur de la découverte de cette partie du monde. Dès 1511, ils visitent Sumatra, et s'établissent aux Moluques. Les diverses parties de ce monde maritime ont été successivement explorées par les plus illustres navigateurs des diverses contrées de l'Europe.

Les habitants de l'Océanie comprennent deux races distinctes : la race basanée ou des Malais, qui a donné son nom à la Malaisie, et la race des noirs, qui occupe l'Australie.

Les Malais ont un caractère doux et sociable; ils se livrent au commerce à la navigation, à l'agriculture, et travaillent les métaux et les pierres précieuses. Les noirs océaniens sont les plus grossiers et les plus stupides de l'espèce humaine; ils ne savent point cultiver la terre, vivent de la chasse et de la pêche, et habitent des cabanes grossièrement construites. Quelques peuplades sont encore anthropophages.

L'Europe, par ses colonies et ses missionnaires, répand sur ces îles les lumières et les bienfaits de la civilisation.

CLIMATS. — L'Océanie se fait remarquer par l'extrême variété de ses aspects, climats et productions. Nulle part, le beau et le laid, le bien et le mal ne se trouvent aussi mélangés. Les feux souterrains impriment fréquemment d'horribles secousses à des archipels entiers; des plages pestilentielles bordent des campagnes d'une merveilleuse fécondité, et des végétaux dont le suc donne la mort croissent à côté de ceux dont les émanations embaument l'atmosphère.

ANIMAUX. — L'Océanie nourrit tous les grands et les petits mammifères de l'Asie méridionale, et quelques espèces qui lui sont particulières, des perroquets de toutes couleurs, de magnifiques paons, et les brillants oiseaux de paradis. On y trouve le crocodile, des couleuvres, le boa, et les insectes les plus malfaisants y fourmillent. Sur les côtes se trouvent les poissons les plus rares et les plus curieux; mais les mers sont hérissées de récifs de corail.

VÉGÉTAUX. — Les richesses végétales de la Malaisie sont prodigieuses. Les terres y sont toujours vertes, et les fleurs du plus brillant coloris mêlent constamment leurs parfums aux suaves émanations des fruits les plus savoureux. On y trouve le muscadier, le giroflier, le cannellier, le poivrier, le cocotier, le café, le riz, le sucre, la grenade, le citron, l'orange et tous les fruits des zones tropicales.

Les bois de teinture, de construction et d'ébénisterie y abondent, ainsi que les plantes médicinales.

Les rameaux des arbres fléchissent sous le poids des fruits les plus nutritifs et les plus rafraîchissants, tandis que l'igname, la patate douce et le taro, racines dont la culture n'exige que peu d'efforts et de soins, s'échappent en quelque sorte du sein de la terre comme d'une corne d'abondance.

MINÉRAUX. — L'Océanie possède le charbon de terre, le ufre, le fer, le plomb, le cuivre, l'étain et de riches mines d'or et de diamants; dans quelques-unes de ses îles on trouve des marbres et des pierres précieuses.

*** 273. *Quelles sont les bornes de l'Océanie?***

Au NORD, la mer de la Chine et le grand Océan.

A l'EST, l'océan Pacifique.

Au SUD, le grand océan Austral.

Et à l'OUEST, la mer des Indes.

*** 274. *Quelle est la population de l'Océanie?***

On lui donne environ 36 millions d'habitants.

*** 275. *Comment se divise l'Océanie?***

L'Océanie se divise en trois parties, savoir:

1° La *Malaisie* ou *grand archipel Indien*, au sud de la mer de la Chine;

2° La *Mélanésie*, au sud de la Malaisie;

4° La *Polynésie*, à l'est des deux précédentes.

* **276.** *Quels sont les trois principaux archipels qui composent la Malaisie ?*

1º Les îles *Philippines*, dont les deux principales sont Luçon et Mindanao ;

2º Les îles *Moluques*, dont la principale est Célèbes ou Macassar ;

3º Les *îles de la Sonde*, dont les trois principales sont : Bornéo, Sumatra et Java.

* **277.** *Nommez les trois grandes terres et les archipels de la Mélanésie.*

L'*Australie*, appelée *Nouvelle - Hollande*, parce qu'elle a été découverte par les Hollandais en 1616 ; elle forme le troisième continent de notre globe.

La *Nouvelle-Guinée*, ou Terre des Papous, a été ainsi nommée à cause de la ressemblance que ses habitants ont avec les nègres de la Guinée d'Afrique.

La *Nouvelle-Zélande* fut découverte en 1642 ; elle forme deux îles séparées par le détroit de Cook.

* **278.** *Quels sont les principaux archipels qui composent la Polynésie ?*

Les principaux archipels qui composent la Polynésie sont : les îles *Mariannes*, les îles *Carolines*, les îles *Sandwich*, les îles *Marquises*, les îles de la *Société*, les îles des *Navigateurs*, les îles des *Amis*, les *Nouvelles-Hébrides* ; enfin la *Nouvelle-Calédonie*, possession française.

TABLE

—